Liebes Tagebuch...

André Ebner

Unter weitem Himmel

Auf kraftvoller Erde, mit offenem Herzen bis ans Ende der Welt

Ein Memoir

Bibliografische Information der Deutschen Nationalbibliothek: Die Deutsche Nationalbibliothek verzeichnet diese Publikation in der Deutschen Nationalbibliografie; detaillierte bibliografische Daten sind im Internet über dnb.dnb.de abrufbar.

Verlag: BoD · Books on Demand GmbH, Überseering 33, 22297 Hamburg, bod@bod.de

Druck: Libri Plureos GmbH, Friedensallee 273, 22763 Hamburg

ISBN: 978-3-7693-2023-7

Möchtest du mehr Eindrücke von meiner Reise,
oder deine eigenen Erfahrungen teilen?

@Unter_weitem_Himmel

@Unter-weitem-Himmel

Folge mir auf Social-Media - ich freue mich auf den
Austausch, deine Gedanken und dein Feedback!

„Der Wind trägt unsere Zweifel fort, die Erde schenkt uns stille Kraft, der Himmel flüstert leise Worte, dass jeder Weg uns mehr erschafft.

Jeder Schritt, den wir noch wagen, formt nicht nur den Pfad im Land, sondern auch den, den wir tragen, tief im Herzen, unverwandt.

Und doch auf dieser Reise, trifft jeder Mensch, der uns erscheint, mit seinem Blick, seine Weise, die uns im Herzen neu vereint.

Ein Lächeln, Worte, ein kurzer Blick, ein kurzes Schweigen, jeder trägt ein Stück vom Licht, und in den Augen, die uns zeigen, spiegelt sich das Leben, sanft und schlicht.

Ein kurzer Moment, der ewig bleibt, ein Funke, der die Herzen bindet, und in der Stille, die wir finden, verstehen wir, was uns verbindet."

André Ebner

Meine tägliche Begleitung auf dem Jakobsweg:

Das Tagebuch.

Was als einfache Notizen begann, wurde aus der krakeligen Schrift ein Buch - eine Mischung aus Pilgerweisheit, Fußkrisen und der leisen Erkenntnis, dass der wichtigste Weg oft der nach innen ist.

Prolog

Der Ruf des Weges

Man sagt, der Camino ruft dich, wenn du bereit bist, seine Botschaften zu hören. Ich weiß nicht, ob ich jemals wirklich bereit war, aber irgendwann konnte ich den Ruf nicht mehr ignorieren. Inmitten der Hektik meines Alltags – den Verpflichtungen, den Erwartungen, den ungesagten Wünschen – hörte ich eine leise, beharrliche Stimme in mir, die mir zuflüsterte, dass es Zeit wäre, loszulassen. Loszulassen von allem, was mich beschwerte, was mich klein hielt. Der Gedanke, den Jakobsweg zu gehen, kam mir in einer Zeit, in der ich mich selbst nicht mehr richtig erkannte. Die Monate vor meiner Abreise waren geprägt von Zweifeln und Ängsten, doch auch von einer unerklärlichen Sehnsucht nach etwas Größerem.

Die Entscheidung, diesen Schritt zu wagen, entstand aus einem tiefen Bedürfnis, wieder zu mir selbst zu finden – oder vielleicht überhaupt erst zu entdecken, wer ich wirklich bin, abseits der Rollen, die ich im Leben spielte. Ich suchte nach Antworten auf Fragen, die ich lange unterdrückt hatte: Wer bin ich wirklich, wenn niemand hinschaut? Was bleibt von mir, wenn ich all die Masken ablege, die ich mir im Laufe der Jahre angeeignet habe? Es war eine Zeit, in der ich mehr Fragen als Antworten hatte.

Freunde und Familie reagierten unterschiedlich – von unterstützenden Worten bis hin zu ungläubigen Blicken. Manche verstanden meinen Wunsch nach dieser Reise, andere sahen es als eine Flucht vor der Realität. Doch tief in mir wusste ich: Der Camino Frances sollte mein Weg werden. Eine Pilgerreise, die nicht nur durch die atemberaubende Landschaft Nordspaniens führte, sondern vor allem eine Reise zu mir selbst. Der Camino ist mehr als nur ein langer Fußmarsch; er ist eine Prüfung – nicht nur für die Füße, sondern für das Herz und den Geist. Viele Pilger sagen, dass man auf diesem Weg Menschen trifft, die einem genau dann begegnen, wenn man sie am meisten braucht. Sie erzählen von einem magischen Zusammenspiel aus Zufällen und Schicksal, als ob der Weg selbst eine unsichtbare Hand wäre, die einem genau das gibt, was man braucht – auch wenn es nicht immer das ist, was man erwartet.

Und so packte ich meinen Rucksack nicht nur mit Kleidung und Proviant, sondern auch mit Ängsten, Hoffnungen und unerfüllten Träumen. Der Drang, einfach loszulaufen, wurde immer stärker, je näher der Abreisetag rückte. Der Abschied war kurz und schmerzlos – und plötzlich saß ich in einem Bus, auf den Weg nach Spanien. Vor mir lagen rund 800 Kilometer, eine endlose Abfolge von Schritten, Gedanken und Begegnungen. Der erste Schritt war vielleicht der Schwerste, doch es war ein Schritt, den ich gehen musste. Am frühen Morgen des 24. August 2022 begann mein Abenteuer. Es war eine Reise ins Ungewisse, aber auch eine Reise voller Möglichkeiten. Ich wusste nicht, was ich finden würde – neue Freunde, eine tiefere Verbindung zu mir selbst oder vielleicht sogar eine Antwort auf die Fragen, die ich schon so lange mit mir herumtrug. Was auch immer vor mir lag, ich war bereit, es herauszufinden.

Buen Camino!

Kapitel 1

Aufbruch nach Saint Jean Pied de Port - Der erste Schritt ins Ungewisse

24.08.2022

Wer hätte das gedacht, ich zieh es tatsächlich durch. Nach mehreren Monaten Planung ist heute der Tag gekommen, an dem ich sehr aufgeregt meine Reise ins fast Ungewisse mache. Mit einer kleinen Verspätung bewege ich mich bereits in Richtung Paris. Mein Bruder, der so nett war, brachte mich zur Bushaltestelle nach Linz und war-tete mit mir mitten in der Nacht um 2 Uhr morgens geduldig auf den Reisebus, der aufgrund einer Ver-spätung auf sich warten ließ. Der Abschied war kurz, bevor ich den vollgestopften Transporter mit den unterschiedlichsten Menschen betrat. Um 4 Uhr starteten wir endlich los und der Komfort ließ schon mal zu wünschen übrig. Noch nicht wissend, dass diese Fahrt eine schmerzliche Erfahrung werden wird, gingen mir plötzlich alle möglichen Gedanken und Ängste durch den Kopf. In Paris wird es einen kurzen Aufenthalt geben, wo es anschließend weiter nach Bayonne geht. Von dort aus mit dem Zug nach Saint Jean Pied de Port, wo mein tatsächliches Abenteuer beginnen wird.

Die Busfahrt war lang und so dachte ich an die Zeit vor meiner Reise. Die Reaktionen meiner nahestehenden Menschen waren sehr unterschiedlich ausgefallen, dennoch hat es mich überrascht welch positiven Worte und Zuspruch ich erhalten habe. Die letzten Monate waren nicht immer leicht für mich, da ich zum einen mit mir selbst zu kämpfen hatte und zum anderen wollte ich den Jakobsweg nicht aus den Augen verlieren. Den Camino Frances wählte ich, um hoffentlich wieder mit mir selbst ins Reine zu kommen. Im Laufe der Zeit habe ich mich selbst ein wenig verloren und so kam ich im Februar 2022 nicht mehr von dem Gedanken los diesen Weg zu gehen. Der Drang einfach darauf loszulaufen, wurde immer stärker, doch so einfach ist es dann doch nicht. Es gibt Verpflichtungen, Dinge, die man nicht einfach beiseiteschieben kann, man trägt Verantwortung um einen herum. So hatte ich zwar den Entschluss gefasst den Jakobsweg zu laufen und einen Termin zu finden, doch umso näher der Tag kam, umso mehr Zweifel und Ängste kamen auf. Daran waren mehrere Faktoren schuld, der Job, familiäre Gründe, aber auch Selbstzweifel, der mich in meinem Leben immer wieder beschäftigt. Viele Fragezeichen im Kopf, zu denen ich Antworten suche. Wenn auch nach dem Weg das Leben so weiterlaufen wird, wie das Leben eben spielt, so hoffe ich zumindest zu mir selbst zurückzufinden und dabei meine alten Stärken wieder zu erlangen.

„Der Mensch braucht Erde unter den Füssen, sonst verdorrt ihm das Herz!"

Camino-Weisheit

PARIS

25.8.2022

Endspurt Richtung Saint Jean Pied de Port. Die Reise mit dem großen Gefährt war anstrengender als gedacht. Knapp 30 Stunden sitzen, kaum Schlaf, schmerzender Hintern und keine Sanitäranlagen, bei denen man sich ein wenig frisch machen hätte können. Damit hatte ich nicht gerechnet. Auch wenn mich dazu der grüne Gedanke bewegt hat, die Heimreise wird definitiv inmitten der Wolken stattfinden. Trotzdem bin ich schon fast da angekommen, wo mein Fußmarsch beginnen soll.

Auf meiner Reise durch Deutschland und Frankreich konnte ich die ersten Eindrücke sammeln. Die weiten, unberührten Landschaften, in denen keine Menschenseele zu sehen war, standen im starken Kontrast zu den überfüllten Städten, wo es vor Menschen nur so wimmelte. Besonders an den Haltestellen, an denen Passagiere ausstiegen und neue hinzukamen, spürte ich die Hektik und den Stress des Alltags.

Der kurze Aufenthalt in Paris war für mich beeindruckend – eine Stadt voller Leben, Lärm und

Kontraste. Doch als Landjunge fühlte ich mich fremd. Die Unruhe, die dichten Straßen und die überwältigende Umgebung waren für mich ein kleiner Kulturschock. Ein beunruhigendes Gefühl, das dabei in mir herrschte. So faszinierend Paris auch war, ich würde meine Heimat nicht damit tauschen wollen.

Auf der Fahrt nach Bayonne hatte ich endlich mehr Platz und konnte mich etwas entfalten. Hinter mir saß ein Pärchen aus der Schweiz, ihnen gegenüber, eine Frau aus Düsseldorf. Nach einer kurzen Vorstellung kamen wir ins Gespräch, doch die Unterhaltung drehte sich schnell – angestoßen von der Journalismus-Studentin aus Düsseldorf in Pamplona – um Politik. Da mich das Thema nicht besonders fesselte und die letzte Nacht ohnehin kurz war, nutzte ich die Gelegenheit, um etwas Schlaf nachzuholen.

Immerhin ergab sich hier endlich ein Gespräch – ganz anders als in Paris, wo ich Schwierigkeiten hatte, einen Fünf-Euro-Schein in Münzen zu wechseln. Es schien, als hätte kein deutschsprachiger Tourist Kleingeld dabei. Schließlich half mir ein Busfahrer aus, sodass ich mir endlich etwas am Snackautomaten gönnen konnte.

Am Bahnhof von Bayonne bin ich zum ersten Mal auf richtige Pilger gestoßen. Alle samt sprachen aber nur englisch. Engländer, Kanadier und eine Frau aus Australien, soweit ich aus den Gesprächen mitbekommen habe. Aber wo waren eigentlich die Deutschen? fragte ich mich.

Der Ticketkauf für den Zug nach Saint Jean Pied de Port erwies sich als schwierig, so musste ich mich durchschlagen, da der Ticketautomat nicht auf Anhieb funktionierte. Eine nette französische Dame am Service Point war zum Glück sehr bemüht und hilfsbereit, mit ein paar Brocken Englisch und Zeichensprache lösten wir dieses Problem relativ schnell. Im Wagon sprach mich eine nette Dame mittleren Alters an und fragte, woher ich käme. Es war die Australierin und nachdem ich ihr antwortete, versuchte ich ihr auch gleich fortan zu erklären, dass mein Englisch nicht das Beste sei. Dennoch gesellte ich mich ihr gegenüber und so tauschten wir uns so gut es ging ein wenig aus, was für mich schon eine großartige Erfahrung war, um zu erkennen, dass mein Schulenglisch besser funktionierte als gedacht. Sie erzählte mir aus ihrer Heimat Australien, sie sei selbstständig und erledigt so ihre Arbeit online, was bedeutet, dass sie auch während ihren Camino den Laptop mit sich tragen wird, um ihrer beruflichen Tätigkeit nachkommen zu können. Es ist ebenfalls ihr erster Camino, und startet ebenfalls wie ich am nächsten Morgen.

Nach einem weiteren Umstieg, Schienenersatzverkehr, wieder in den Bus, musste ich noch ein wenig durchhalten und so befinde ich mich mittlerweile in diesem Moment in Saint Jean Pied de Port, wo ich nach einer kleinen Unterstützung der Australierin, um das Pilgerbüro zu finden, jetzt offiziell den Pilgerpass besitze und auf einer Parkbank sitze, um in mein Tagebuch zu schreiben!

Saint Jean Pied de Port ist eine kleine, historische Stadt am Fuße der Pyrenäen, die sofort einen besonderen Charme ausstrahlt. Kopfsteingepflasterte Straßen führen durch enge Gassen, vorbei an alten Häusern mit ihren charakteristischen Fensterläden. Am Stadttor, der Porte Saint-Jacques, spürt man den Geist von Jahrhunderten voller Pilger, die hier ihren Weg begonnen haben. Die Stadt war belebt: kleine Läden, Cafés mit Terrassen und Pilger, die sich auf ihre Reise vorbereiteten. Im Hintergrund plätscherte der Fluss Nive ruhig dahin. Doch so schön die Stadt auch ist, ich sollte mich langsam auf den Weg machen, um eine Bleibe für die Nacht zu finden, dann steht dem Abenteuer und der Reise zu mir selbst schon nichts mehr im Weg. Und schließlich möchte ich nicht gleich am ersten Abend unter freiem Himmel schlafen.

Gesagt, getan, ich konnte meine erste Herberge finden. Herrlich, endlich wieder mal frisch geduscht und saubere Kleidung. Man kann es sich gar nicht vorstellen, der Wert des eigenen Luxus wird unterschätzt. Unglaublich wie schnell man sich selbst nicht mehr riechen kann. Umso schöner ist es im Gite La Vita e Bella untergekommen zu sein. Die Herberge ist hübsch und sauber. Hier durfte ich auch zu Beginn Herbert kennen lernen, ein älterer Herr aus Deutschland, der bereits zum vierten Mal hier ist. Er erzählte mir, das erste Mal noch mit seiner Frau da gewesen zu sein, doch jetzt lebt er allein. Ich habe nicht nachgefragt, was aus seiner Frau geworden ist, wollte es ehrlich gesagt gar nicht so genau wissen. Er hat zwei erwachsene Kinder mit 38 und 47 Jahren, dazu noch 5 Enkelkinder. Er meinte dazu aber, dass er nicht gebunden sei und deswegen jederzeit den Camino gehen könne. Herbert ist ein netter alter Mann, er ist für seine Mitte 70 noch gut gerüstet, ein sehr offener, aufgeschlossener Mensch, der mir zu Beginn auch gleich einige Tipps auf den Weg mitgegeben hat. Er scheint sehr ehrlich zu sein und so riet er mir auch gut auf meine Wertsachen aufzupassen, da es auf dem Camino immer wieder mal zu Diebstahl gekommen ist in seiner Vergangenheit. Durch Zufall kennt er auch meinen Heimatort da er vor einiger Zeit Urlaub in Österreich gebucht hatte, jedoch wurden dabei zwei gleichnamige Orte vertauscht und so kam es, dass Herbert in der falschen Stadt auftauchte.

Meine erste Nacht in einem fremden Land darf ich in einem Zimmer mit Lee und Andrew verbringen. Zwei Asiaten, mit denen ich bisher jedoch kaum gesprochen habe, jedoch allein die Namen Ähnlichkeit mit Andrew finde ich schon amüsant. Die Anreise hat mich ziemlich geschlaucht, weshalb ich abends nichts mehr unternehmen werde. Selbst das buchbare Abendessen habe ich abgelehnt – zum einen, weil ich kaum Hunger habe und mir die vierzehn Euro sparen möchte, zum anderen, will ich die Ruhe vor dem Sturm genießen.

„Wer kein Ziel vor Augen hat, kann auch keinen Weg hinter sich bringen."

Camino-Weisheit

Mein Magen belehrte mich eines Besseren und überzeugte mich schließlich doch, etwas zu essen zu besorgen. Während ich durch die Stadt wanderte, begegnete ich noch einmal der Dame aus Australien, deren Namen ich leider nicht kenne. Kurz darauf trennten sich unsere Wege – zumindest vorerst. Doch ich war dankbar für unsere Begegnung, denn ohne sie hätte ich das Pilgerbüro in den verwinkelten Gassen vielleicht nie gefunden.

Morgen früh geht's endlich los nach Roncesvalles, müssten ungefähr 27 Kilometer sein. Ich bin gespannt, wie es mir ergeht mit dem doch leider etwas schweren Gepäck; „Der Rucksack, dein treuester Begleiter – ein wahres Packtier, das nie über Rückenschmerzen klagt und sich nicht beschwert, wenn du ihn mit allem belädst, was dein Leben schwerer macht. Von der Wasserflasche, die du nie leer trinkst, bis zu den Snacks, die du längst vergessen hast – er trägt alles mit Würde und Reißverschluss. Mit extra vielen Fächern, damit du nie wieder finden musst, was du suchst!"

Dann hoffe ich auf eine erholsame Nacht, noch ist es ziemlich warm im Zimmer, aber Lee

dürfte keine Probleme haben, der hat schon die ersten Versuche gestartet zu schnarchen. Andrew ist
noch am Lesen und ich schreibe, wie man un-
schwer erkennen kann. Jetzt ist aber Schluss, morgen wird sich zeigen, ob ich für dieses Abenteuer
und das Gewicht des Rucksackes gewachsen bin.

Buen Camino!

*„It is better to walk alone, than with a
crowd going in the wrong direction!“*

Zugeschrieben an Mahatma Gandhi

Kapitel 2

Die Pyrenäenüberquerung – Zwischen Himmel und Erde

26.08.2022

Was war das heute für ein erster Tag. Allein die Nacht war alles andere als erholsam. Auf den Straßen wurde lautstark bis spät in die Nacht hinein gefeiert. In den Morgenstunden ging es dann so einigermaßen, bis die beiden Asiaten aufgebrochen sind – das war leider nicht zu überhören. Unausgeschlafen, müde und leicht genervt vom rücksichtslosen Treiben der beiden – wobei zu erwähnen sei, dass ich in meinen ersten Minuten jeden Tages ein kleiner Morgenmuffel bin – überwand ich mich aufzustehen und begann meine ersehnte Reise mit den ersten Schritten in Richtung Santiago de Compostela. Loszustarten war ein befreiendes Gefühl, aber auch ein respektvolles. Schon in den ersten Minuten meines Weges begann es zu regnen – das fängt ja schon gut an, Wörter, die ich zwar nicht aussprach, aber dennoch an meiner Zunge klebten, um mittels Nervenstränge als Botschaft im Gehirn wahrzunehmen. Schnell lernte ich auf meinem Camino mit schlechtem Wetter umzugehen – es hilft ja auch nichts, und man kann nichts dagegen tun. So durfte ich gleich zu Beginn meinen gut verstauten Poncho auspacken und überprüfen, wie wertvoll er sein kann.

Die ersten Kilometer waren sehr hart und herausfordernd für mich. Der Regen machte die Wege glitschig, und die Steigung ließ keine Pause zu. Ich spürte jeden Muskel in meinem Körper, jeder Schritt forderte Konzentration und Kraft. Immer wieder überholten mich andere Pilger, teils in Gruppen, teils allein. Ein kurzes „Buen Camino" war das Einzige, was ich zu hören bekam – ein Gruß, der wie eine kleine Aufmunterung klang, den ich aber nur mit einem Nicken erwiderte. Ich fühlte mich noch nicht bereit, mich auf andere einzulassen. Mein Fokus lag allein darauf, den nächsten Schritt zu schaffen und durchzuhalten.

Nachdem ich in Orrison meine Kräfte gesammelt und eine Kaffeepause eingelegt hatte, ging es anschließend etwas besser voran. Doch das Wetter machte mir weiterhin einen Strich durch die

Rechnung. Eingehüllt unter meinem knallgelben Poncho marschierte ich durch tiefhängende, nasse Wolken. In 1400 Höhenmetern hatte ich nichts vor mir außer einer weißen Wand und gelegentlich ein Schaf, das aus den Nebelschwaden hervortrat, oder Wildpferde, die an den Hängen des Straßenrandes grasten.

Mit der Zeit wurde es immer anstrengender. Der Weg schien endlos, und der 14 Kilogramm schwere Rucksack zog an meinen Schultern. Circa 90 Prozent des bislang gegangenen Weges ging ich nur bergauf. Zumindest ein kleiner Foodtruck mitten im Nirgendwo bot eine willkommene Pause. Während ich mich dort stärkte, beobachtete ich andere Pilger, die kurz verweilten, bevor sie weiterzogen. Ich hätte mich dazugesellen können, doch ich fühlte mich noch nicht bereit, Kontakte zu knüpfen. Um der nassen Kälte zu entfliehen, zog ich weiter und erreichte nach einer Weile endlich den höchsten Teil der Strecke. Die Erleichterung war groß – zumindest für einen kurzen Moment. Doch was ich mir so sehr erhofft hatte, blieb aus: eine atemberaubende Aussicht. Stattdessen war da nur dichter Nebel, nicht ein kleiner Blick in die Ferne war möglich, um die Landschaft zu betrachten, nichts als eine grau-weiße Wand. Zumindest geht es endlich bergab, dachte ich, der schlimmste Teil sei geschafft – aber ich irrte mich. Ein Abstieg mit schwerem Gepäck war mindestens genauso anstrengend wie der Aufstieg. Mit kleinen Schritten kam ich nur noch voran, während mein Körper immer stärker rebellierte. Meine Schultern fingen förmlich an zu brennen, mein Rückenwirbel drückte aufs Brustbein, und meine Beine wurden schwer wie Blei. Als schließlich auch meine Hüften anfingen sich zu melden, wurde mir klar, dass mein Rucksack alles andere als ein Leichtgewicht war. Schon am ersten Tag dachte ich darüber nach, wie ich ihn leichter machen könnte, ob ich mich von irgendetwas trennen kann, eine konkrete Idee wollte mir noch nicht einfallen.

Nach 27 Kilometern und schier endlosen acht Stunden erreichte ich schließlich mein ersehntes erstes Ziel: Ronsesvalles. Der Moment, in dem ich meinen Rucksack in der kirchlichen Herberge von meinen Schultern nahm, fühlte sich wie eine Erlösung an. Gefühlt hat sich meine Muskelmasse verdoppelt, mein Körper schmerzte, aber dennoch ein gutes Gefühl, etwas Stolz verbarg sich darin. Endlich durfte ich mich für einen Moment erholen. Die Herberge in Ronsesvalles ist ein historischer und spiritueller Ort, der besonders Pilger auf den Jakobsweg anzieht. Sie bietet eine warme und einladende Atmosphäre mit komfortablen Unterkünften und einer langen Tradition der Gastfreundschaft – wo Ich ein Bett im neuen schönen Dachbodenausbau bekam.

Das Erstaunlichste an diesem Tag war allerdings mein Poncho. Trotz aller Widrigkeiten hielt er dicht und bewahrte mich davor, völlig durchnässt zu sein. Ein kleines Wunder an einem Tag, der bereits alles von mir abverlangt hatte.

Nach einer ausgiebig warmen Dusche gönnte ich mir das Abendessen im Speisesaal. Dort lernte ich Peter und Renate aus München kennen. Es war eine sehr unterhaltsame Runde, auch wenn ich feststellen musste, dass Renate eine etwas kritisierende unzufriedene Person sei – mir kam es halt so vor. Sie hatte sehr viel auszusetzen, egal ob es das Essen war, das mir sehr gut geschmeckt hat oder unsere Sitznachbaren die ihren amerikanischen Akzent lautstark zum Ausdruck brachten. Sie nörgelte bei jeder Gelegenheit. Dafür war Peter umso ausgeglichener und ein ruhiger Geselle, mit dem ich eine angenehme gute Unterhaltung führen konnte.

Zurück im Zimmer ließ ich mich zur Waagrechten ins Bett fallen, dort machte ich mit meinen Gegenüber Bekanntschaft. Einen Belgier, der nicht zum ersten Mal auf den Camino unterwegs ist, jedoch wechselten wir nur wenige Worte. Er wirkt eher nachdenklich, ruhig und in sich gekehrt. Tim durfte ich auch noch kennen lernen, ebenfalls Belgier, jung, sympathisch und mit vielen Sprachen ausgestattet, davon auch ein klein wenig Deutsch. Jetzt aber ist Schlafenszeit angesagt und ich hoffe es wird nicht zu sehr geschnarcht, denn wie ich feststellen muss, befinden sich viele Personen in der kirchlichen Herberge.

Anmerkung: Tim sah ich leider danach nie wieder auf dem Camino.

Kapitel 3

Begegnungen, die bleiben

27.08.2022

Nach einer viel zu kurzen Nacht ging es um ca. 7:30 nach dem Frühstück Richtung Zubiri. Das schlechte Wetter von gestern hatte sich förmlich in Luft aufgelöst und so durfte ich die ersten Sonnenstrahlen auf meinen Camino genießen. Erstaunlicherweise war ich nach so einen Tag wie gestern fitter, als ich gedacht hätte. Voller Energie marschierte ich darauf los und überlegte schon nach den ersten paar Kilometern, ob ich nicht eine Etappe überspringe und gleich nach Pamplona laufe, doch die Euphorie hielt nicht lange an.

Auweh, die Schultern schmerzten, und meine Hüften waren vom Bauchgurt des Rucksacks leicht aufgerieben. Es war erst der Anfang des Tages, und schon fragte ich mich, wie ich das auf Dauer aushalten sollte. Kurz darauf spürte ich schon wieder meinen Rücken schmerzen. Ich hoffte, dass es kein Dauerschmerz wird, sonst könnte ich ein Problem bekommen. Doch auf meinem Weg durfte ich heute eine großartige Begegnung machen. Als ich mich wieder, wie der einzige deutschsprachige Pilger fühlte, hörte ich plötzlich in der Ferne eine laute Stimme – und meine Ohren erkannten eindeutig deutsche Wörter. Ich legte einen Zahn zu, entschlossen, diese Gelegenheit zu nutzen, endlich mal wieder ein Gespräch zu führen, ohne Hände und Füße benutzen zu müssen.

Nach kurzer Zeit hatte ich den Sprecher eingeholt: ein gut gebauter Mann Mitte dreißig, etwa 1,90 Meter groß. Ich machte mich bemerkbar, und wies den Herren darauf hin, dass wir dieselbe Muttersprache sprechen, da dauerte es nicht lange, bis ich erfuhr, dass auch er Andre hieß – was für ein Zufall! Er kam aus dem Norden Deutschlands, irgendwo oberhalb von Hamburg, und bei seiner kräftigen Stimme musste ich sofort an einen Marktschreier vom Fischmarkt denken.

Wir gingen eine Weile gemeinsam und hatten bei guter Unterhaltung viel zu lachen. Andre verstand etwas von Humor – er war witzig und schlagfertig, und ich genoss die Gesellschaft. Doch irgendwann merkte ich, dass unser Tempo nicht übereinstimmte. Schließlich erhöhte ich mein Tempo, drehte mich noch einmal um und warf ihm ein fröhliches „Buen Camino!" zu, bevor ich weiterzog.

Der Weg war sehr steinig, jedoch zum Glück nicht mehr so steil wie gestern, dabei spielte ich immer wieder mit den Gedanken heute mein Zelt aufzuschlagen, aber irgendetwas verunsicherte mich und so landete ich in Zubiri in der Herberge namens Zaloiko. Die Dusche darin war auf jeden Fall schon mal Goldes Wert. Auch wenn das Zimmer sehr klein ausfällt, umfasst es sieben Betten, von denen ich das letzte erwischte. Ein bekanntes Gesicht liegt ebenfalls in meinem Zimmer, eine Asiatin aus Südkorea - wie sich später herausstellte. Eine sehr ruhige Person, ich denke, dass sie sprachlich nicht sehr offen ist. Ich war ihr schon öfter begegnet - gleich am ersten Tag, als es zu regnen begann. Damals half ich ihr mit ihrem Regenponcho, den sie nicht über ihren Rucksack bekam. Hin und wieder überholten wir uns gegenseitig, vor allem, nachdem ich eine Pause einlegte.

*"Sei dir deiner Kräfte, Bedürfnisse
und Möglichkeiten bewusst,*

*dann wirst du auf jeden Weg, den du
beschreitest, einen Gefährten haben."*

Camino-Weisheit

.

Am späten Nachmittag war ich noch in Zubiri unterwegs und lernte dabei Fenja und ihren Vater Wolfgang aus Deutschland kennen. Die beiden waren äußerst nett, und so setzte ich mich mit ihnen auf die Terrasse eines Lokals, wo ich mein erstes spanisches Bier probierte – überraschend gut, muss ich sagen. Anschließend begleitete ich Fenja noch zum Bach, der sich durch Zubiri schlängelt, damit wir unsere Füße abkühlen konnten. Hier bekam ich kleine Einblicke in Fenja's Leben, auch wenn es nicht viel war, so konnte ich schon fühlen, dass auch sie ihren Rucksack mit Sorgen gefüllt hatte.

Dort trafen wir auch Peter und Renate wieder, die ebenfalls in Zubiri gelandet waren. Sie hatten für diese Strecke zwei Stunden länger gebraucht als ich und waren daher erst gegen 15 Uhr angekommen. Sie erzählten mir, dass sie auf dem Weg oft an mich gedacht hätten, aber davon ausgegangen waren, dass ich schon längst in Pamplona sei. Umso größer war die Freude über unser Wiedersehen.

Es war schön zu sehen, wie sich die Bekanntschaften mit deutschsprachigen Pilgern langsam häuften – etwas, das mich persönlich sehr freute. Fenja und Wolfgang erwähnten, dass ihr Ziel Burgos sei, da ihr Urlaub begrenzt war. Später begegnete ich auch noch einmal Andre kurz, und ebenfalls am Bach lernte ich eine junge Polin namens Agata kennen. Ich war ihr schon ein paar Mal begegnet, aber ihre langen dünnen Beine legten eine beeindruckende Geschwindigkeit hin und so kam es, dass sie zu schnell war, um sie in ein Gespräch zu verwickeln. In einem kurzem, aber nettem Smalltalk erzählte sie mir, dass sie in der Schule Deutsch gelernt hätte, aber Englisch ihr deutlich lieber sei.

Die wichtigste Erkenntnis des Tages war für mich, wie entscheidend es ist, offen auf Menschen zuzugehen. Nur so vermeidet man es, den Camino am Ende einsam und allein bestritten zu haben.

Bevor ich den Tag abschließe, muss ich noch einmal auf die Herberge zurückkommen. In meinem Zimmer befindet sich die Asiatin, die ich bereits erwähnt habe – sie liegt im Hochbett direkt neben meinem. Dazu gesellte sich eine weitere Asiatin, eine Holländerin namens Karolin, mit der ich ein paar Worte gewechselt habe, ein älterer Herr, dessen Nationalität ich noch nicht herausfinden konnte, und ein freundliches Pärchen aus Spanien. Jetzt aber bereite ich mich lieber auf morgen vor, ich sollte früh los, um hoffentlich etwas Zeit in Pamplona zu haben – die erste größere Stadt auf meiner Reise. Ich bin gespannt, was es dort zu entdecken gibt und ob ich die Gelegenheit finde, wieder in mein Tagebuch zu schreiben.

„Jeden Morgen werden wir wieder geboren. Was wir heute tun, zählt am meisten."

Buddha

28.08.2022

Heute Früh bin ich wieder um 7:30 gestartet, nachdem der ältere Herr minutenlang sein Zeug in Plastiktüten verstaut und gepackt hat - was für ein nerviges Geräusch am frühen Morgen. Ich war der letzte, der aus dem Zimmer kroch. Auch das spanische Paar war ein paar Minuten früher weg als ich. Das Merkwürdige unterwegs war, dass ich niemanden aus meinem Zimmer auf dem Weg getroffen habe, obwohl ich ein mörderisches Tempo hatte – 22 Kilometer in viereinhalb Stunden. Keine Ahnung, aber irgendwie hatte ich das Gefühl, vor etwas davonzulaufen. An diesem Tag wollte ich so schnell wie möglich in Pamplona ankommen, um in der deutschen Herberge Paderborn ein Zimmer bzw. Bett zu bekommen und genug Zeit zu haben die Stadt zu erkunden. Aber was habe ich heute sonst so nebenbei erlebt?

Außer, dass ich von meinen Schmerzen davongelaufen bin, traf ich zumindest Wolfgang und seine Tochter Fenja wieder. Ein Stück des Weges

begleitete ich Wolfgang, und wir tauschten uns ein wenig aus. Obwohl er schon sechzig Jahre alt ist, ist er noch sehr gut unterwegs. Besonders beeindruckt war er von meinem selbstgemachten Wanderstock und bat mich, ein Foto von uns machen zu dürfen, um bei Gelegenheit selbst einen basteln zu können. Diesen Wanderstock hatte ich vor meinem Abenteuer mit großer Sorgfalt gefertigt: ein dreigeteilter Holzstock aus Ahornholz aus meinem eigenen Garten, versehen mit einem geschnitzten Kopf und einem Gesicht im Stil der Wikingerkunst. Nach unserer kurzen Unterhaltung erhöhte ich wieder mein Tempo, um voranzukommen. Wie schon erwähnt, fühlte ich mich heute gestresst.

Später traf ich noch einmal auf Fenja, die deutlich schneller lief als ihr Vater. Sie wartete jedoch immer wieder wenige Kilometer weiter auf ihn. Ich nutzte die Gelegenheit, um meinen Rucksack abzunehmen und eine Pause zu machen – jedes Mal eine Wohltat.

Nachdem Wolfgang uns wieder eingeholt hatte, setzten wir unseren Weg fort, und ich begann wieder in meinem eigenen Tempo zu laufen. Dabei überholte ich den Belgier, mit dem ich in Ronsesvalles übernachtet hatte. Ich weiß nicht, was ihn ihm vor sich geht, aber irgendwie wirkte es auf mich, als ob etwas tief in seiner Seele saß. Er verhielt sich außergewöhnlich ruhig, und sein Gang wirkte merkwürdig langsam und träge. Vielleicht dachte er sehr viel über etwas nach. Etwas, was mir hier bis dahin noch nicht gelungen war. Nachzudenken, eine Antwort auf meine immer wiederkehrenden Fragen im Kopf zu finden. Wer bin ich geworden? Bin ich noch gut genug? Wo soll meine Reise in Zukunft hingehen und was will ich noch erreichen, oder bin ich bereits an meinem Ziel des Lebens angekommen? Doch die einzige Antwort, die ich bis dato bekommen habe, lautet: dass mein Kopf frei von jeglichen Gedanken ist. Während ich Kilometer um Kilometer hinter mich bringe, ohne mich über die Sinnhaftigkeit des Lebens Fragen zu können, tut es so gut frei davon zu sein. War es das, nachdem ich mich sehnte, gedankenlos zu sein?

Als ich in Pamplona ankam, war ich tatsächlich der Erste in der Herberge – sogar zu früh, sodass ich noch warten musste. Doch dann wurde ich herzlich empfangen, und allein das Hören der deutschen Sprache gab mir ein vertrautes Gefühl.

Besonders ins Auge fielen mir einige handgefertigte Wanderstöcke, die in der Herberge ausgestellt waren. Die Herbergsbetreuerin bemerkte begeistert mein eigenes Exemplar und bat mich für ein Foto zu posieren – bereits das zweite Mal auf meiner Reise.

Endlich konnte ich mir etwas zu essen zubereiten, da ich ohne Frühstück losgezogen war. Unterwegs hatte man mir jedoch ein Stück Wassermelone und eine Banane mitten auf der Straße angeboten, als ich diese überqueren wollte. Die Zwischenkost gab mir einen guten Energieschub. Der nette Herr kam wie gerufen und schenkte mir diesen unerwarteten Moment der Gastfreundschaft. Solche außergewöhnlichen Erlebnisse machen den Camino aus. Nachdem ich mein Fertiggericht mit kochendem Wasser angerührt hatte, merkte ich, wie schwer meine Beine wurden. Doch nach dem Essen, das ohnehin viel zu viel war, nutzte ich die Zeit, von der ich genug hatte. Ich überwand mich und machte mich auf den Weg, um Pamplona zu besichtigen.

Der Gang in den Stadtkern war ziemlich anstrengend. Vor allem bei der durchgehenden Hitze von 35 Grad Celsius, die ich auf den Thermometern ablesen konnte, die in der Stadt auf diversen

Straßenschildern montiert waren. Trotzdem konnte ich einige schöne Eindrücke sammeln und als gelernter Maurer, beeindruckten mich in Pamplona die Bauweise der Gebäude. Auch die Zitadelle und der große Park waren eine wirklich wunderschöne Bereicherung meiner Sinne.

Da ich in der Herberge nur 10 Euro gezahlt und so einiges gespart hatte, gönnte ich mir ein richtig leckeres Eis, und auf dem Rückweg, zur Feier des Tages, eine Dose spanisches Bier. Schließlich hatte ich es bereits bis zum dritten Tag geschafft, was mich schon ein wenig stolz machte. Doch für den nächsten Morgen plane ich, einen Gang zurückzuschalten, denn mein Körper sagt mir, dass er eine Pause benötigt.

Eine kleine Erwähnung am Rande...

In Pamplona, besonders in dem Moment, als ich am Flussrand saß und die Menschen beim Baden und Spazieren beobachten konnte, fiel mir etwas Besonderes auf – die Hunde. Es ist erstaunlich und bemerkenswert, wie viele Hunde hier unterwegs sind. Obwohl sie keine Streuner sind, laufen sie frei und ungebunden umher. Nur wenige sind an der Leine, doch alle achten auf ihre Bezugspersonen und lassen sie aus der Ferne nicht aus den Augen. Andere Hunde scheinen sie dabei kaum zu interessieren. Faszinierend!

Der Spaziergang durch die Stadt war auch nochmal fünf Kilometer lang, weshalb ich frühzeitig wieder zur Herberge zurückkehrte, um meine Beine und den Körper ein wenig zu schonen. Denn morgen nach dem Frühstück soll es weitergehen, wobei ich einen kleinen Umweg in Betracht ziehen werde, um ein Adapterkabel für meine Kopfhörer zu besorgen, die es mir hoffentlich ermöglichen durch sanfte Musik die nächtlichen Töne der anderen Menschen in ihren Betten zu verdrängen, um den nötigen ersehnten Schlaf zu bekommen.

Kapitel 4

Der Weg als Lehrer – Physische Schmerzen, Zweifel und Momente der inneren Einkehr

29.08.2022

Gestern Abend in der Herberge Paderborn saß ich noch bei den deutschen Pilgern in der Gartenlaube, welche mit herrlich roten Weintrauben überwachsen war. Ein gemütlicher Abend und lustiges Beisammensein, nur mit den Namen bekomme ich so meine Probleme. Anwesende in der kleinen Gruppe waren: Henry - von dem ich bis dato noch nicht wusste, dass er mir ganz besonders in Erinnerung bleiben wird. Die drei Freunde Werner, Uli und der mit dem Knieproblem (dessen Namen mir entfallen ist) und ebenso meine Wenigkeit.

Die Nacht selbst war erneut kurz, und ich

sehnte mich danach, endlich wieder richtig zu schlafen. Am Frühstückstisch herrschte eine amüsante Stimmung, doch überschattete eine Nachricht die Runde. Der Weggefährte mit Knieproblemen musste zurückbleiben. Er entschied sich, noch eine Nacht in Pamplona zu verbringen – in der Hoffnung, morgen wieder weitergehen zu können.

Um sieben Uhr brachen wir gemeinsam auf. Werner und Uli gingen mit gemischten Gefühlen, denn sie ahnten, dass ihr Freund womöglich nicht weiterlaufen konnte. Nach dem üblichen Buen Camino trennten sich unsere Wege, und ich machte mich auf die Suche nach dem einzigen Elektrogeschäft der Stadt. Mein Ziel: einen Adapter finden, den ich beim Packen zu Hause völlig übersehen hatte. Ohne zu wissen, ob es ihn dort überhaupt gab, nahm ich vier zusätzliche Kilometer in Kauf. Doch eines kann ich schon verraten – dieser Tag hielt außergewöhnliche Momente für mich bereit.

"Was uns heute schmerzt, lässt uns morgen wachsen!"

André Ebner

Es begann damit, dass mich ein älterer Mann in Pamplona auf Spanisch, wild gestikulierend mit allen Gliedmaßen, die er noch bewegen konnte, darauf aufmerksam machen wollte, dass ich nicht auf dem Camino unterwegs war. Ich konnte ihm jedoch auf Grund der sprachlichen Barriere nicht erklären, dass ich das wusste, also nickte ich nur höflich und ging weiter.

Als ich beim Elektrogeschäft ankam, musste ich zunächst warten – es war noch geschlossen. Also nutzte ich die Zeit für eine Stärkung im Café nebenan. Als sich schließlich die Tür öffnete, trat ich ein und war zunächst skeptisch. Der Laden war kleiner, als ich erwartet hatte, und ich befürchtete, umsonst hierhergekommen zu sein. Doch zu meiner Erleichterung entdeckte ich genau einen einzigen Adapter – und er passte sowohl für meine Kopfhörer als auch für mein Handy. In diesem Moment war ich überzeugt: Jakobus war heute an meiner Seite.

Anschließend machte ich mich wieder auf den Weg, diesmal in die richtige Richtung, um zurück auf den Camino zu gelangen. Es dauerte eine Weile, aber als ich endlich die erste Orientierungsmuschel sah und den ersten Pilgern begegnete, durchströmte mich ein unglaubliches Gefühl. Gänsehaut breitete sich über meinen ganzen Körper aus – ich war wieder dabei, und ich könnte es förmlich fühlen, diesen Zauber der Gleichgesinnten. Ansonsten ließ ich es heute entspannt angehen, so wie ich es mir vorgenommen hatte. Ich akzeptierte es frei von Gedanken und ungelösten Fragen zu sein. Ich strotzte vor Energie und verspürte eine ungewohnte Kraft, die mir etwas unheimlich vorkam. Ohne großen Plan oder Ziel ging ich mit Leichtigkeit einfach weiter, ließ mich treiben und war gespannt, wie weit ich damit kommen würde. Schlussendlich landete ich in Puente la Reina, doch bis ich dort ankam, sollte noch einiges passieren.

Die Strecke bot mir atemberaubende Aussichten, die mir immer wieder dieses Kribbeln auf der Haut bescherten. Mit jedem Schritt, den ich machte, nahmen die Eindrücke zu. Ständig versuchte ich, diese besonderen Momente mit meiner Handykamera festzuhalten – so oft, dass ich es tatsächlich schaffte, meinen Akku komplett zu leeren. Gut, dass ich eine viel zu schwere Powerbank mit mir rumschleppte. Auf dem Weg traf ich zunächst niemanden, den ich bereits kannte. Während der ersten Kilometer kam mir der Gedanke, vielleicht bis Maneru weiterzugehen – die Energie, die mich heute trug, schien unerschöpflich. Unterwegs lief ich durch ein Dorf, wo ein Schild einer Herberge meinen Namen trug, was ich ziemlich witzig fand.

Die Landschaft war einfach faszinierend, und als ich die letzten Meter einer Bergreihe erklomm, ahnte ich noch nicht, was mich dort erwarten würde. Doch als ich den höchsten Punkt erreichte und die Aussicht vor mir lag, war ich vollkommen überwältigt – es war einfach atemberaubend. Der Wind strömte über mich hinweg, die Windräder summten durch ihre schnellen Umdrehungen, und ich konnte nur noch über den Ausblick staunen.

Nachdem ich mich gesammelt und ein paar Fotos gemacht hatte, blickte ich in die Ferne und sah, wie weit es noch bis zu meinem heutigen Ziel war. Erstaunlich, dachte ich, wie weit einen die eigenen Füße tragen können. Nach kurzer Pause setzte ich meinen Weg fort und entdeckte dabei ein Monument, das aus großen Steinen bestand, die im Kreis angeordnet waren. Anfangs lief ich daran vorbei, um ein paar Meter zu sparen. Doch etwas hielt mich zurück. Wie angewurzelt blieb ich stehen, drehte mich um und blickte zurück zu den Steinen. Auf eine unerklärliche Weise ließ mich dieses Bauwerk nicht los – es zog mich auf unerklärlicher Weise magisch an. Ich stapfte zurück, näherte mich dem Monument, und plötzlich spürte ich eine

Energie in mir ausbreiten, die ich mir nicht erklären konnte.

Als ich den größten Stein in der Mitte betrachtete, wusste ich, dass dies der perfekte Platz für den Glücksstein meiner Familie war – bemalt zu Hause, um mich auf meinem Abenteuer zu begleiten und schließlich hier in Spanien seinen Platz zu finden. Ich nahm ihn aus meiner Tasche und hielt ihn noch einen Moment lang fest. Es fiel mir nicht leicht, ihn loszulassen, aber ich wusste, dass es richtig war und er mich von nun an, auf eine übermenschliche Weise den restlichen Weg hier in Spanien begleiten wird. Mit einem Abschiedskuss legte ich ihn behutsam nieder. Es war ein besonderer, emotionaler und spiritueller Moment – einer, den ich nie vergessen werde.

Etwas durch den Wind, verließ ich diesen Ort und konnte beim Abstieg immer noch nicht fassen, welchen Ausblick ich hier hatte – genauso wenig, wie weit es noch bis Puente la Reina war. Selbst ein Blick zurück Richtung Pamplona machte mich sprachlos. Es ist unfassbar, welche Strecken ein Mensch zu Fuß zurücklegen kann.

Nach einer Weile zogen immer dichtere Wolken über mir auf, und ich begann zu überlegen, ob ich überhaupt weiter als das angesteuerte Ziel laufen sollte. Immerhin lag der nächste Ort 5,5 Kilometer hinter Puente la Reina. Gleichzeitig spürte ich langsam meine Beine, und es wurde mir klar, dass die Strecke bis Maneru unterschätzt, weit war. Doch was sollte ich tun? So lief ich vorerst einfach weiter.

Und dann war es soweit, es begann ein wenig zu regnen, Blitze erhellten den Himmel, und Donnergrollen folgte, dabei fragte ich mich: „Soll das ein Zeichen sein?" Kurz hielt ich an einer Herberge inne, doch mein Kopf sagte mir entschieden: „Komme, was wolle – heute willst du weiter als Puente la Reina!" Der Himmel klarte danach zügig auf, und die furchterregenden dunklen Wolken zogen weiter. Doch als ich diesen Ort nach den letzten Kilometern mit schmerzenden Beinen und Rücken erreichte, wurde ich unsicher. Noch davon überzeugt, weiterzulaufen, ging ich durch die vom Regen noch feuchten Gassen der Stadt, als mir plötzlich von der Ferne eine Hand zuwinkte. Ein freundliches vertrautes Gesicht blickte mich an – es war Wolfgang, Fenjas Vater. Die beiden saßen am Straßenrand und tranken Bier. Auf ihrer Höhe angekommen, begrüßte mich Wolfgang so herzlich, dass es mich für einen Moment innehalten ließ. Er erzählte mir, in welcher Herberge sie für diese Nacht untergekommen waren. Das Ganze irritierte mich – ich wollte doch weiterlaufen! Aber meine

Beine und mein Rücken schmerzten wirklich sehr?!

Mein Kopf spielte ein Orchester ohne Dirigenten, doch ich verabschiedete mich und ging ein kleines Stück weiter. Da entdeckte ich das spanische Paar, mit denen ich in Zubiri übernachtet hatte, an einem Tisch sitzen. Auch sie begrüßten mich mit einem herzlichen „Hola, Buen Camino!" Diese Frau, mit ihrem langen schwarz gelockten Haar und ihrem breiten brasilianischen Lächeln, hatte eine so außergewöhnlich sympathische Ausstrahlung, wie ich sie selten bei jemandem zu sehen bekam. Ich ging noch bis zum Stadtrand, zur Beschilderung der Herberge „Albergue Apóstol", in der auch Wolfgang für die Nacht untergebracht war. Genau in diesem Moment spürte ich, dass es nicht grundlos war, diese Menschen heute noch zu treffen. Ich sollte nicht weiterlaufen. Es war genug für heute.

In der Herberge angekommen, freute ich mich über ein freies Bett und buchte gleich ein Frühstück für den nächsten Morgen dazu. Nachdem ich mich frisch gemacht und die Wäsche gewaschen hatte, ging ich noch einmal in die Stadt, um den Tag gemütlich ausklingen zu lassen. Und wer saß dort plötzlich vor einem einladenden Lokal? Die beiden deutschen Herren, die ich in Pamplona kennengelernt hatte, Uli und Werner. Ich gesellte mich zu ihnen, und wir plauderten über den erlebten Tag. Dabei aßen wir eine leckere Paella und gönnten uns ein kühles, erfrischendes Bier. Kurz darauf begann es leider wieder zu regnen, und wir flüchteten schlagartig ins Innere des Lokals. Dort schloss sich uns ein Deutsch-Schweizer Mann Mitte dreißig vom Nachbartisch an. Genau habe ich allerdings nicht mitbekommen, woher er eigentlich kam. Auch ein älterer Herr gesellte sich zu uns. Langsam verlor ich den Überblick über all die Namen und deshalb forderte ich eine kurze Vorstellrunde.

Dabei stellte sich heraus: Werner und Uli, die Freunde aus der Nähe von Stuttgart, waren wie bereits erwähnt Teil unserer Runde. Der Neue war Christian, der massive Probleme mit seinen Füßen hatte – seine Sohlen waren komplett mit Blasen übersät. Ich konnte mir kaum vorstellen, dass er noch weit kommen würde. Und dann war da noch der ältere Herr, Terry (oder besser: Terence), aus York in England, der wohl um die Mitte siebzig war. Er bestand darauf, Terry genannt zu werden. „Wenn jemand meinen vollständigen Namen ruft,“ erklärte er lachend, „schrecke ich jedes Mal zusammen und denke, meine Mutter steht hinter mir –

bereit, mich zu ermahnen.“ Bis dahin war es ein sehr lustiger und unterhaltsamer Abend.

Gerade als Werner aus seinem bisherigen Leben und seiner gescheiterten Ehe erzählte, war es Andre aus Hamburg, der plötzlich an uns vorbeistolperte. Er hatte anscheinend einen neuen Kumpel namens Jürgen gefunden, der nicht besonders vertrauenswürdig wirkte. Andre begann, sich bei mir sein Herz auszuschütten, doch es war offensichtlich, dass hauptsächlich der Alkoholpegel sprach. Er hatte den Camino wohl nicht ganz verstanden. Er plante, die Etappen in Zukunft mit dem Bus zurückzulegen und sich stattdessen ordentlich zu betrinken.

Anmerkung: Ich habe Andre nie wieder gesehen.

30.08.2022

Nachdem ich gestern die Bar früh genug verlassen hatte, um erneut eine Horrornacht zu erleben, ging es heute Morgen nur schleppend voran. Erst kurz vor acht machte ich mich auf den Weg, und das Erste, was mich erwartete, war – natürlich – ein Anstieg. Ich weiß nicht genau, warum, aber ich hatte meinen ersten richtigen Durchhänger auf dem Camino. Kilometer um Kilometer zog sich der Pfad scheinbar endlos dahin, und die strahlend gelbe Sonne brannte gnadenlos auf mich herab. Trotz der schönen Aussicht – nicht so spektakulär wie gestern, aber trotzdem sehenswert – wollte der nötige Spirit einfach nicht aufkommen. Plötzlich war es nicht der Kopf der leer war, sondern mein Körper. Ich war müde, meine Beine fühlten sich schwer an, und meine Bandscheiben schrien förmlich nach Erholung. Jeder Kilometer wurde zum Kampf, und ich musste dabei zusehen, wie Pilger aller Altersklassen mich überholten – besonders in den Momenten, in denen ich Pause machte. Und Pausen machte ich viele. Mein Kopf hingegen füllte sich erneut mit quälenden Gedanken. Gerade noch befreit von all den Sorgen, kehrten die Zweifel zurück. Warum bin ich hier? Was hat mich ich nur auf diese Idee gebracht, Hunderte Kilometer durch scheinbar endlose Landschaften zu laufen - nur um mich daran zu erinnern, wer ich war und wer ich bin? Doch eines stand nach dieser Nacht für mich fest: Heute würde ich definitiv nicht in einem Mehrbettzimmer übernachten. Trotzdem war es gestern die richtige Entscheidung, nicht weiterzulaufen und in Puente la Reina zu bleiben. Als ich heute früh die Strecke mit diesem steilen Anstieg bewältigen musste, wurde mir klar, dass das gestern vermutlich nicht mehr gut ausgegangen wäre.

Bereits gestern hatte ich einen Blick auf den Campingplatz in Estella geworfen und dabei überlegt, ob ich dort zum ersten Mal mein Zelt aufschlagen sollte. Ich brauchte dringend mehr Schlaf und hoffte, diesen endlich dort zu finden. Der Weg war zäh, und wieder sah ich kein einziges mir bekanntes Gesicht. Als ich plötzlich bemerkte, dass ich zu weit gelaufen war und die Abzweigung zum Campingplatz verpasst hatte, war ich verzweifelt. Erschöpft blieb ich am Straßenrand unter einem Baum – der Einzige weit und breit, der etwas

Schatten bot – stehen. Dort nahm ich mir einen Moment Zeit, um meine Gedanken zu sortieren und nachzusehen, wie weit es zurück zum Campingplatz oder alternativ noch bis Estella war. Leider stellte ich fest, dass die Stadt nur noch ein kleines Stück entfernt war, während es zurück zum Campingplatz deutlich weiter schien. Ich hielt inne und hoffte auf eine übernatürliche Kraft, die mir sagen würde, was ich tun sollte. Und dann, siehe da, wie aus dem Nichts, tauchten Wolfgang und Fenja auf. „Das gibt's doch nicht." dachte ich, „Ist das wieder ein Zeichen?" Die beiden erzählten, dass sie eine Herberge in Estella suchen wollten. Ich überlegte kurz, ließ mich aber nicht davon abbringen: Nein, heute nicht, ich muss allein sein, um Schlaf zu finden. Ich beschloss, zurück zum Campingplatz zu laufen, auch wenn es weiter ist als nach Estella. Als ich nach einer Weile, entkräftet, erschöpft und verschwitzt am Campingplatz ankam, erwartete mich Erstaunliches. Der Platz hatte alles geboten, was man sich wünschen konnte: saubere Sanitäranlagen, einen kleinen Shop, eine Bar und sogar einen riesigen, erfrischenden Swimmingpool. Ich war so froh, diese Entscheidung getroffen zu haben – besonders nach diesem anstrengenden Marsch.

Nachdem ich mein Zelt zum ersten Mal in Rekordzeit aufgestellt hatte, gönnte ich mir eine erfrischende Dusche und machte mich sofort auf den Weg zum Pool, um diesen Moment auszukosten. Mein Abendessen wird heute wieder aus Fertignahrung bestehen – das gehört schließlich zum Camping dazu. Ob ich diese Nacht den mehr als nötigen Schlaf bekommen werde – um mental wieder auf Vordermann zu kommen, wird sich noch zeigen.

Meine Erkenntnis des Tages:

„Egal, wie schwer, steil und steinig der Weg manchmal sei– am Ende bringt er das Glück und die Schönheit mit sich."

André Ebner

01.09.2022

Der gestrige Tag mit 22 Kilometern von Estella nach Los Arcos verlief grundsätzlich problemlos. Nach der Nacht im Zelt fühlte ich mich erstaunlich fit. Das Highlight des Tages war natürlich, der berühmte Weinbrunnen. Davon nahm ich nicht nur einen ordentlichen Schluck, sondern füllte auch gleich meine kleine Trinkflasche – schließlich läuft es sich mit Wein im Gepäck doch gleich viel leichter, oder? Mit leichtem Damenschwips am Vormittag schwebte ich förmlich über den Asphalt, und die Kilometer schienen sich einfach in Luft aufzulösen. Unterwegs traf ich auf den tanzenden Peter und seine anspruchsvolle Begleitung Renate. Ein Stück begleitete ich die beiden, aber ihr Tempo war einfach nichts für mich – ich hatte das Gefühl, entweder würde ich einschlafen oder sie würden mich noch zum Tanzen überreden. Spaß, die beiden sind echt in Ordnung!

In Los Arcos angekommen, begegnete ich zuerst kurz der Asiatin, die auf der Suche nach der gleichen Herberge war wie ich. In der Issac-Santiago-Herberge durfte ich mein Zelt im Innenhof auf einer kleinen Wiese aufschlagen – für gerade mal sechs Euro! Ein echtes Schnäppchen. Dort traf ich auch wieder auf die deutsche Truppe mit Werner, Uli und Henry. Leider musste Klaus – jetzt erfuhr ich auch dessen Namen, der Freund von Werner und Uli, seine Reise in Pamplona abbrechen. Seine Knieprobleme waren einfach zu viel. Mit Werner und Uli ging ich etwas später noch auf ein Getränk und besuchte dabei die Kirche im Dorf, bevor ich Fenja wiedertraf. Leider war ihr Vater Wolfgang nicht dabei. Wir unterhielten uns eine Weile, und es tat wirklich gut, sich mal ein wenig von der Seele zu sprechen. Fenja erzählte mir, dass sie ihren Vater erst vor Kurzem kennengelernt hatte, obwohl sie schon um die dreißig war. Der Camino sollte helfen, die beiden näher zusammenzubringen. Da die beiden jedoch nicht viel Zeit hatten, beschlossen sie, am nächsten Morgen den Bus nach Logroño zu nehmen, um mehr Zeit miteinander verbringen zu können. Wir vereinbarten, dass wir uns auf ein Getränk treffen würden, falls ich es auch bis nach Logroño schaffen würde.

Noch kurz zurück zur Kirche. Es war ein

gewaltiger Anblick des Altars. Die Kirchen und Kathedralen in Spanien sind generell prunkvoll und atemberaubend, aber dieser vergoldete Altar machte mich für einen kurzen Moment sprachlos und brannte sich in mein Hirn! Am Abend hatte ich noch ein kurzes Gespräch mit einer Dänin namens Lora, die ähnliche Knieprobleme hatte wie ich, von denen ich Gott sei Dank bislang verschont blieb. Die Nacht im Zelt war überraschend gut – wären da nicht die kläffenden Hunde gewesen, die sich offenbar ein Wettbellen lieferten. Vielleicht hatten sie den Duft meines Abendmahls – Wurst, Käse und Weißbrot – mit ihrer sensiblen Nase aufgespürt, welches ich bei geöffnetem Zelt genüsslich verspeiste.

Den Tag danach, also heute, startete ich Richtung Viana am frühen Morgen um 7:15 Uhr, nachdem ich mein Zelt zerlegt und meinen Rucksack inklusive Schlafsacks gepackt hatte. Eine Weile konnte ich Werner, Uli sowie Peter und Renate begleiten, aber am Ende war ich ihnen doch deutlich voraus. Ich denke, sie sind in Viana geblieben. Ursprünglich wollte ich auch nur bis Viana laufen, doch da ich dort tatsächlich schon um 12 Uhr ankam und mir die Abmachung mit Fenja und

Wolfgang im Kopf schwebte, entschied ich mich, weiterzugehen. Ob es klug war, mich von der Abmachung leiten zu lassen, wird sich noch zeigen, denn meine Achillessehne ist davon jedenfalls wenig begeistert und zeigt mir bereits unmissverständlich meine Grenzen auf.

In Logroño angekommen, gönne ich mir heute den Luxus einer Pension – nach 30 Kilometern auch dringend nötig. Ansonsten erlebte ich bis hier her nicht mehr viel, außer dass mein Wasser knapp wurde. Mitten in der hitzigen Landschaft, weit und breit kein Leben – ein beklemmendes Gefühl.

In Gedanken war und bin ich heute bei meiner Frau, die ihren Geburtstag ausnahmsweise ohne mich feiern darf. Es ist mir wichtig von meiner Familie zu hören und mit ihnen zu sprechen, so telefonieren wir täglich, auch heute, um meiner Liebsten zum Geburtstag zu gratulieren.

Wie sich mittlerweile herausgestellt hat, waren die zusätzlichen Kilometer für die Abmachung mit Fenja und Wolfgang mehr oder weniger umsonst. Die beiden haben sich das Zusammensein leichter vorgestellt. Ich kenne die genauen Beweggründe nicht, aber Fenja wird morgen abreisen und Wolfgang den Weg anscheinend allein zu Ende bringen.

Anmerkung: Danach habe ich leider Wolfgang nicht wieder getroffen.

Meine Erkenntnis des Tages:

„Folge deinem eigenen Weg – nicht dem der anderen. Niemand wird ihn für dich gehen, das musst du selbst tun"

André Ebner

Kapitel 5

Magie des Camino – Spirituelle Begegnungen

02.09.2022

Nach einem erholsamen Schlaf startete ich heute erst um 9:30 Uhr. Mit meinem doch sehr angeschlagenen Fuß ging es nur zäh voran, und ich musste häufiger Pause machen. Zum Glück war mein Ziel an diesem Tag nicht allzu weit, sodass ich meinen Körper etwas schonen konnte. Unterwegs lernte ich Anja und Dominik aus Köln kennen. Die beiden hatten sich erst auf dem Camino getroffen, liefen jetzt aber gemeinsam, da es zwischen ihnen offenbar sehr gut harmonierte. Sie erzählten mir, wie schnell man sich hier verbündet – ein Gedanke, den ich gut nachvollziehen konnte. Doch während sie gut vorankamen, kämpfte ich mit jedem Schritt, besonders auf den letzten Kilometern.

Als ich gerade in einem schattigen Abschnitt eine Pause einlegte, holte mich ein älterer Italiener ein. Wir kamen ins Gespräch, natürlich auf Englisch, obwohl ich italienisch gerne können würde. Es war einfach, sich mit ihm auszutauschen, auch wenn unsere Sätze manchmal holprig klangen. Seine Gelassenheit beeindruckte mich – er schien nicht viel schneller unterwegs zu sein als ich, aber er genoss jeden Moment.

In Navarrete angekommen, traf ich Dominik und Anja wieder. Die beiden warteten vor einer Herberge, in der sie unterzukommen versuchten. Ich gesellte mich zu ihnen und schloss mich dieser wartenden Schlange an, doch das Warten wurde zäh – mühsam, endlos, und es schien, als würden bereits alle Betten vergeben sein. Schließlich gab ich auf und machte mich auf die Suche nach einer anderen Unterkunft. Es schien jedoch, als wäre heute wirklich alles ausgebucht. Die Sonne brannte auf mich herab, mein Fuß schmerzte, und die Gedanken an eine Nacht unter freiem Himmel machten sich leise bemerkbar. Doch ich biss die Zähne zusammen und setzte meine Schritte fort, Richtung Ortsende. Und dann, plötzlich, ein vertrautes Gesicht: Henry! Ganz entspannt saß er da, mit einer

Tasse Kaffee in der Hand und einer Zeitung vor sich, als wäre er im Urlaub und nicht auf einem anstrengenden Pilgerweg. Wir sprachen kurz, und er erzählte mir, wie gut es ihm in der Herberge El Cántaro gefiel. „Probiere es aus!" sagte er, und in seinem Ton lag etwas Beruhigendes. Unsere Begegnungen schienen nie zufällig zu sein, doch ich ahnte noch immer nicht, dass Henry etwas in sich trug, dass meinen Camino bereichern würde. Seine Worte gaben mir den nötigen Schub, und ich machte mich auf zur El Cántaro– und tatsächlich: Es gab noch ein Bett für mich!

Zu meiner Überraschung entdeckte ich im Zimmer auch Agata, die Polin, die ich zuletzt in Zubiri gesehen hatte. Es war schön, wieder auf ein bekanntes Gesicht zu treffen, besonders nach einem so anstrengenden Tag. Nach einer erfrischenden Dusche legte ich Eis auf meinen Fuß, um meiner gereizten Achillessehne etwas Linderung zu verschaffen. Mein Vorfuß war geschwollen und die Achillessehne zog, als würde man mit ihr einen Pfeil im Bogen spannen. Während ich auf dem Bett lag, dachte ich über den Tag nach. Jeder Schritt hatte sich heute schwer angefühlt, doch irgendwie war ich angekommen. Vielleicht wollte mir der Frances etwas sagen oder lehren. Bin ich mit der

Strecke nach Logroño zu weit gegangen? Mein Kopf war womöglich doch nicht so frei, als ich dachte. Die Vorstellung mein Abenteuer abbrechen zu müssen, machte mir Angst. Fragen tauchten wieder auf und so gab ich mir selbst die Schuld, nicht auf meinen Körper gehört zu haben. Ich hätte gestern in Viana bleiben sollen.

Nach einer kurzen Erholung zog es mich noch einmal hinaus. Ich wollte das Dorf ein wenig erkunden, mich von meinen Gedanken ablenken. Die Atmosphäre aufsaugen und die kleinen, verwinkelten Gassen entdecken, bevor ich mich ins Traumland verabschiedete, um bereit zu sein für einen neuen Tag auf dem Camino und die Erde Spaniens mit meinen Füßen zu berühren.

3.9.2022

Die Nacht verlief reibungslos, und langsam begann ich mich daran zu gewöhnen, in einer Herberge mit anderen Menschen zu schlafen. Es war erstaunlich angenehm, und ich konnte diesmal recht gut schlafen.

Ich startete bereits um 6:45 Uhr und marschierte Richtung Nájera. Die Strecke war meist flach, und außer einer schier endlosen Anzahl von Weinreben, die sich bis zum Horizont erstreckten, gab es nicht viel zu sehen. Meine Achillessehne schmerzte von Anfang an, dennoch wollte ich die Hoffnung nicht aufgeben, dass es bald besser würde.

Der Vormittag war angenehm kühl, und ich erreichte Nájera schon um die Mittagszeit. Die Stadt machte allerdings sofort einen lauten und hektischen Eindruck. Obwohl sie keine Großstadt war, herrschte ein reges Chaos auf den Straßen — viele Menschen, viel Lärm, und alles wirkte ein wenig chaotisch. Es war gar nicht mein Fall, aber mein Fuß schrie nach einer Pause. Ich suchte mir einen

Platz in der Nähe der Brücke, auf einer Wiese am Rande des Flusses, der die Stadt durchquerte. Dort machte ich es mir bequem und kochte mit meinem kleinen Kocher Wasser auf, um mir eine Portion Fertignahrung zuzubereiten. Es war eine willkommene Pause, und ich konnte für einen Moment die Füße hochlegen – nebenbei wurde so mein Rucksack ein klein wenig leichter.

Nach etwa einer Stunde der Erholung beobachtete ich, wie Uli und Werner von der Ferne über die Brücke liefen. Sie nahmen an einem Café Platz und ich überlegte kurz, ob ich mich zu ihnen gesellen sollte. Anfangs dachte ich immer, Werner hieß Walter – bei so vielen Leuten kann man sich schon mal irren. Nachdem ich meinen Rucksack wieder zusammengepackt und mich in meine Schuhe gezwängt hatte - hineingehüpft wäre wohl das falsche Wort, lief ich über die Brücke. Etwas verhalten rief ich ihnen zu: „Na wer sitzt den da!“ Zu meiner Überraschung erkannte mich Uli, ohne sich umzudrehen an meiner Stimme und gab ein ernüchterndes lang gezogenes „Andreee“ von sich, was ich ziemlich witzig fand und mir ein verwunderndes Lächeln ins Gesicht zauberte. Mit breitem Grinsen setzte ich mich für einen Café con Leche zu den beiden und nutzte die Gelegenheit, unsere

Nummern auszutauschen, um später in Kontakt bleiben zu können. Nach kurzem Smalltalk gingen wir zusammen weiter, allerdings musste ich die beiden bald ziehen lassen, da ich mit meinem Fuß momentan nicht gerade der Schnellste bin.

Dafür traf ich unterwegs wieder auf die Asiatin, die ich bereits des Öfteren erwähnte. Diesmal suchte ich das Gespräch und erfuhr, dass sie aus Südkorea kommt und Heang Joang heißt – ein Name, den ich nur schwer aussprechen konnte. Wir hatten jedoch unseren Spaß dabei, es immer wieder zu versuchen und so legte sich auch ihre anfängliche Schüchternheit und ich konnte mich mit ihr über unsere Herkunft austauschen.

Letztendlich kam ich mit leichten Schmerzen in Azofra an, und die Herberge überraschte mich positiv. Die Zimmer waren in kleine Kojen mit jeweils zwei Einzelbetten unterteilt – ein angenehmer Rückzugsort. Mein Abteil teilte ich mit einem jungen Mann aus Wales, dessen Namen ich allerdings schon wieder vergessen habe. Sein Englisch war durch seinen starken Akzent schwer für mich zu verstehen, aber so viel konnte ich heraushören: Er war bereits früher auf dem Camino unterwegs, musste jedoch wegen einer Achillessehnen-

Überlastung abbrechen – genau das, was ich bei mir befürchte. Das hörte ich nicht gerne. Er war in Logroño wieder eingestiegen, wo er zuletzt aufgegeben hatte, um den Camino nun zu vollenden, ebenfalls dort wo auch mein Schmerz am Fuß begann.

In dieser Herberge traf ich viele bekannte Gesichter, was mich darin bestärkte, die richtige Entscheidung getroffen zu haben, weiterzugehen und nicht in der hektischen Stadt Nájera zu bleiben. Im Vorgarten gab es sogar einen kleinen Pool mit kühlem Wasser, in dem ich meinen Füßen etwas Gutes tat. Während ich dort saß, überlegte ich, ob es Sinn machen würde, mein Zelt nach Hause zu schicken, um das Gewicht meines Rucksacks zu reduzieren und meinen Fuß, sowie meinen angeschlagenen Rücken zu entlasten. Ich möchte auf keinen Fall aufgeben müssen, also beschloss ich, weiterzukämpfen, mit Zelt im Rucksack, dass mir trotz Schwere und Zweifel, die nötige Sicherheit gab, jederzeit einen Schlafplatz zu haben.

Nachdem ich mir in diesem außergewöhnlich kleinen Dorf, in dem gerade ein lebhaftes Straßenfest stattfand, noch eine Kleinigkeit zu essen besorgt hatte, suchte ich das Gespräch mit Henry. Er war ebenfalls in der Herberge untergekommen und saß entspannt am kleinen Pool, wo er seine Füße im kühlen Wasser erfrischte. Henry war nicht das erste Mal in Spanien, um den Camino zu laufen. Ich nutzte die Gelegenheit, um mich bei ihm über die Busverbindungen in Spanien zu informieren, da ich geplant hatte, einen Teil des Weges zu überspringen, um rechtzeitig in Santiago anzukommen, bevor mein Urlaubsvorrat aufgebraucht war. Was als lockere Unterhaltung begann, entwickelte sich jedoch bald zu einem intensiven, spirituellen und tiefgründigen Gespräch – eines, das mich nachhaltig prägen sollte. Henry, der mit seinen 70 Jahren, deutlich jünger wirkte, begann, mir von seinen Erfahrungen auf den Caminos zu erzählen. Besonders bewegend war seine Erzählung über die Beziehung zu seinen Eltern und ein Erlebnis, das ihn bis heute begleitet.

Eines Tages, so erzählte er, lag sein Sohn schwer krank im Krankenhaus. Henry saß verzweifelt im Wartezimmer, voller Angst, seinen Sohn zu verlieren. In seiner Not wandte er sich innerlich an seinen Vater, der zu Hause war, und flehte ihn um Unterstützung an. Gedanklich redete er mit ihm, bat ihn inständig um Hilfe und fühlte plötzlich eine unglaubliche Nähe – als wäre sein Vater bei ihm. Nachdem mit seinem Sohn alles gut ausging, erfuhr

Henry einige Tage später von seiner Mutter, dass sein Vater an jenem Tag zu Hause auf seinem Stuhl weilte. Reglos und wie gelähmt, saß er da. Er hatte weder sprechen noch sich bewegen können, so als hätte etwas seine volle Aufmerksamkeit in Anspruch genommen. Für Henry war es eine beängstigende, aber auch tröstende Erfahrung, die ihn glauben ließ, dass sein Vater ihn tatsächlich gehört hatte und für ihn da war – auf eine Weise, die er sich nicht erklären konnte. Mittlerweile sind Henrys Eltern verstorben, aber durch seine Reisen auf den Jakobswegen hat er eine tiefe, fast übermächtige Verbindung zu ihnen aufgebaut – nicht nur zu seinem Vater, sondern auch zu seiner Mutter. Er spürt ihre Nähe, besonders in schwierigen Momenten, als wären sie immer noch da, um ihn zu unterstützen und zu begleiten. Diese spirituelle Verbundenheit gibt ihm Kraft und Orientierung auf jedem seiner Abenteuer Reisen.

Dieses Gespräch mit Henry hat sich tief in mein Herz eingebrannt. Seine Erlebnisse, seine Worte und die Ruhe, mit der er davon erzählte, haben mich zutiefst beeindruckt und inspiriert. Es war eine Unterhaltung, die mich auf meinem eigenen Weg begleiten wird und die ich niemals vergessen werde.

Den Rest des Abends verbrachte ich in einer fröhlichen Runde mit Uli, Werner, Peter und Renate. Bei einem Glas Wein führten wir ausgelassene Gespräche, lachten viel und genossen die entspannte Atmosphäre. So kann ein Tag kaum besser enden.

„*Die schwierigste Zeit in unserem Leben, ist die beste Gelegenheit, innere Stärke zu entwickeln.*“

Dalai Lama

You can't be afraid
of people to will
hurt you, because if
you fear life, then
you will never live.

Chester Bennington

4.9.2022

Die Herberge war echt gemütlich in diesem kleinen Dorf, doch dass die wenigen Einheimischen einen spanischen Feiertag mit so viel Karacho bis in die Morgenstunden feiern würden, konnte niemand ahnen. Nach einer ordentlichen Partynacht in Azofra war der Schlaf durch den dröhnenden Bass - der unsere Schlafkojen beben ließ, leider viel zu kurz gekommen.

Naja, so war ich also viel zu müde und ohne Frühstück sehr früh aufgebrochen. Dabei musste ich noch an der Straße entlang durch das aufgebaute Straßenzelt wandern, in dem sich immer noch die letzten betrunkenen Jugendlichen lautstark und wild gestikulierend rum grollten. Ganz wohl war mir dabei nicht, zumal sie bei jedem vorbeikommenden Pilger spanische Worte in unsere Richtung brüllten. Die ersten Kilometer waren für meinen Fuß noch schmerzhaft, doch allmählich wurde es leichter. Mein Körper aber, konnte die Erschöpfung nicht verbergen, und so blieb der Kopf umso mehr in den Gedanken, die mich während der letzten Tage begleiteten, auch das Gespräch mit Henry, das immer wieder in meinem Geist auftauchte. Seine Worte über die Begegnungen mit Engeln auf seinen Pfaden, über den Draht zu Jesus, die tiefe spirituelle Verbindung zu seinen verstorbenen Eltern – all das hallte nach, und ich konnte die Energie in seinen Erzählungen förmlich spüren.

Wie konnte es sein, dass solche Begegnungen in so einem einfachen Gespräch so viel Macht und Tiefe entwickelten? Und während ich darüber nachdachte, fragte ich mich, wie oft wir im Leben auf solche Momente stoßen – Momente, in denen alles scheinbar an seinen Platz fällt und sich tief in uns verankert. Wie viele Male im Leben begegnen wir einen Engel, ohne es zu merken? Oder vielleicht sind diese Himmelswächter nicht immer nur Wesen aus einer anderen Dimension, sondern auch die Menschen, die uns auf unserem Lebensweg begleiten – mit ihren Geschichten, ihren Erlebnissen, ihren spirituellen Wahrheiten.

Vielleicht war Henry für mich genau das – ein Engel, aber nicht auf die Art, wie man es sich traditionell mit Flügeln vorstellt. Vielleicht war er einfach der Mensch, der in diesem Moment genau die Worte fand, die ich brauchte. Vielleicht war das der wahre Zauber des Caminos – nicht nur die Landschaft, nicht nur die körperliche Herausforderung, sondern auch die Menschen, die uns in einem flüchtigen Moment begegnen und die uns tief in unserem Innersten berühren.

Ich frage mich, ob ich ihn wiedersehen werde – oder ob er nur ein Teil dieses unverwechselbaren Abschnitts meines Weges war, ein Teil meines eigenen, persönlichen Wandels. Der weite Himmel der Seele!

An diesem Tag lief ich an nur wenigen Weintrauben entlang, dafür bot die Route Blicke, auf überreife Sonnenblumen und endlose abgemähte Weizenfelder. Die Landschaft änderte sich langsam, aber die Aussicht der Ferne hatte nach wie vor etwas Besonderes. Alles schien weit und unberührt, als ob die Natur ihren eigenen, ruhigen Rhythmus verfolgte.

Leider gab es einen Zwischenfall auf dem Camino. Eine ältere Dame hatte einen Unfall – sie ist gestürzt, möglicherweise gestolpert oder über ihren Stock gefallen. Sie hatte mich kurz zuvor noch überholt und ich fragte mich noch, woher ältere Menschen diese Motivation und Kraft nehmen, so schnell unterwegs zu sein. Deshalb konnte ich nicht sehen, wie es passiert ist und als ich dazu kam, kümmerten sich bereits zwei nette Herren auf dem Fahrrad um die Dame. Sie riefen den Notruf, da sie sich einige Blessuren auf dem steinigen Weg zugezogen hatte. Es war ein Moment, der mich daran erinnerte, wie wichtig es ist, auf den eigenen Körper zu hören und wie schnell alles passieren kann. Nachdem der Vorfall geregelt war, traf ich noch den quirligen Peter und seine Frau Renate. Die beiden brachten mich mit ihrer speziellen Art zum Lächeln, was nach dem Zwischenfall sehr guttat.

Kurz darauf kam ich in Santo Domingo de la Calzada an, wo ich mir eine ausgiebige Pause gönnte. Ich konnte dem Tag eine kleine Belohnung hinzufügen – einen doppelten Café con Leche, der für nur 1,50€ ein echtes Schnäppchen war. Wahnsinn! Außerdem begegnete ich der Australierin wieder, die mich am ersten Tag in Saint Jean Pied de Port unterstützte. Es war schön, sie nach so vielen Kilometern wiederzusehen, und es erinnerte mich an die vielen Gesichter, die einem auf so weiter Strecke immer wieder über den Weg laufen. Auch Anja und Dominik grüßte ich des Öfteren. Es ist faszinierend, wie man durch die wiederholten Begegnungen und Gespräche ein vertrautes Gefühl aufbaut, obwohl jeder seinen eigenen Weg geht.

Gegen 14 Uhr kam ich in Granón an, einem kleinen Ort, in dem an einem Sonntag leider nicht viel geöffnet hatte. Erst am Morgen fiel mir auf, dass es Sonntag war – ansonsten hätte ich gestern noch meine Vorräte aufgefüllt. Man vergisst auf den Jakobsweg schnell mal den Wochentag. Nun musste ich bis 20 Uhr auf das Abendessen in der Herberge warten, um meinen Hunger zu stielen.

Übrigens darf ich heute draußen in meinem Zelt auf der Veranda im Innenhof zwischen den Tomatentöpfen übernachten. Da es sich um eine kirchliche Herberge handelt, basiert alles auf Spendenbasis: Übernachtung, Abendessen, Frühstück und auch die Nutzung der Sanitäranlagen. Die freundliche Dame der Herberge erwähnte allerdings, dass eine Spende von mindestens 10€ erwartet wird. Das ist zwar kein echtes „Freiwilligkeitsprinzip", aber dennoch fair – da kann man nicht meckern.

Ich hoffe auf eine erholsame Nacht im Zelt

und freue mich auf das Frühstück am Morgen, bevor es weitergeht nach Espinosa del Camino, wo hoffentlich auch eine Herberge für mein Zelt bereitsteht.

Buen Camino!

6.9.2022

Hola! Ich bin spät dran mit meinem Tagebuch Eintrag, aber gestern geschah etwas, womit ich nie gerechnet hätte – aber dazu später mehr. Zuerst möchte ich noch auf die Herberge in Granón zurückblicken. Am Abend gab es eine Linsensuppe, die zwar in Ordnung war, aber meinen Hunger nicht wirklich stillte. Die Menschen, mit denen ich am Tisch saß, waren mir auch nicht sonderlich vertraut. Es waren keine jener Gesichter, die ich über die letzten Tage hinweg schätzen gelernt hatte. Vielleicht lag es daran, dass ich mich nicht lange bei ihnen aufhielt. Stattdessen zog ich mich frühzeitig in mein Zelt zurück, wo ich überraschend gut schlief – zumindest abgesehen vom jungen Norweger, dessen Schnarchen hin und wieder durch das offene Fenster drang.

Aufgewacht am nächsten Morgen zwischen den Tomaten der Veranda, enttäuschte mich das Frühstück leider, ebenso wie die kalte Dusche. Es war das erste Mal, dass ich auf dem Camino kein

Warmwasser hatte, und das setzte meiner Morgenlaune etwas zu. Doch nichtsdestotrotz machte ich mich frühzeitig auf den Weg, unmittelbar nach dem ich mein Zelt mit größter Sorgfalt verstaut hatte. Die Route führte größtenteils entlang einer Hauptstraße, und die Umgebung machte einen eintönigen Eindruck. Die Monotonie der eintönigen Strecke ließ meine Gedanken wandern. Immer wieder kam mir Henry in den Sinn. Wo mag er gerade sein? Wird sich unser Weg noch einmal kreuzen? Man sagt, der Camino bringt die Menschen zusammen, die sich begegnen sollen, und trennt sie, wenn der Moment gekommen ist. Aber war unser Moment wirklich schon vorbei? Henrys Worte und seine Energie hallten immer noch in mir nach, haben mich gefesselt, als ob sie mir etwas sagen wollten – etwas, das ich vielleicht erst später verstehen würde. Diese Gedanken begleiteten mich wie ein leises Flüstern, während ich Schritt für Schritt weiterging, die Einsamkeit des Weges um mich herum spürend. Seine Worte schwirrten in meinem Kopf, und mein Gefühl sagte mir, dass die Chancen gutstehen würden, ihn wiederzutreffen – vielleicht in der deutschen Herberge in Espinosa del Camino. Ich tat etwas, das ich bisher vermieden hatte. Ich rief in der Herberge an, um ein Bett zu reservieren.

Doch leider wurde mir mitgeteilt, dass es nur wenige Betten gab und diese bereits vergeben waren. Immerhin bot man mir einen Platz im Garten an, wo ich bei meiner Ankunft mein Zelt aufschlagen konnte.

Doch als ich dort nach einer Weile ankam, stellte ich fest, Henry war nicht in der ausgebuchten Herberge. Vielleicht Schicksal? Oder Henry, der ja ziemlich flotte Beine hatte, war längst über alle Berge und für mich nicht mehr einholbar. Dieser Gedanke ging mir durch den Kopf, während ich meine Füße im Zelt zur Ruhe brachte und mich dabei in ein unbeabsichtigtes kurzes Nickerchen verabschiedete.

Während ich so dahin döste und in meinen Träumen gefangen war, nahm ich plötzlich eine Stimme wahr. Zuerst ignorierte ich sie, konnte den Unterschied zwischen Traum und Realität in diesen Moment nicht unterscheiden. Doch sie wurde immer deutlicher. Widerwillig öffnete ich meine Augen und sah, noch leicht benebelt und durcheinander, eine ältere Dame, die auf ihre Katze einredete. Die Katze hatte sich offenbar entschieden, meine Füße als ihren neuen Lieblingsplatz zu betrachten, und rieb sich schnurrend an meinen Schuhen.

Etwas erschrocken grüßte ich die Frau, die sich mit einem warmen Lächeln und rauer Stimme als Herbergsmutter vorstellte. Sie erkundigte sich nach meinem Wohlbefinden und fragte, ob ich morgens gerne weiche oder festgekochte Eier zum Frühstück hätte. Darf es Tee, Kaffee oder lieber O-Saft sein. Diese Fürsorglichkeit war rührend, wenn auch ein wenig überrumpelnd. Die Besitzer waren äußerst nett und bemüht, wodurch ich mich zwar leicht bedrängt, aber gleichzeitig auch gut aufgehoben fühlte.

Nach der unvorhersehbaren Pause und der außergewöhnlichen Bekanntschaft, drehte ich noch eine Runde durch das kleine Dorf. Gefühlt bestand es nur aus einer Kirche und drei Häusern. Es war so überschaubar, dass ich schneller wieder an meinem Zeltplatz ankam, als meine verträumten Augen sich erholen konnten. Doch bevor ich die letzten Schritte zu meinem Zelt machte, fiel mein Blick auf einen Gartenstuhl, der um die Ecke eines Gebäudes ragte, das unmittelbar an das Grundstück grenzte, wo mein Zelt aufgeschlagen war. Eine Mischung aus Neugier und einer höheren, fast mystischen Kraft brachte mich dazu, nachzusehen, was sich um die Ecke verbarg. Spannungsvoll blickte ich ums Gebäude und konnte meinen Augen kaum trauen: Es war Henry. Er saß da, mit einer Begleitung an einem Tisch vor der Herberge, die eine kleine Bar mitbrachte. Ohne zu zögern, rief ich lautstark „Hallo Henry", und sein erstarrter Gesichtsausdruck verriet, dass er genauso überrascht war wie ich. Ich bewegte mich auf ihn zu und wir begrüßten uns herzlich, währenddessen fragte seine Begleitung ihn, ob ich etwa derjenige sei, von dem er erzählt hatte. Dieser Satz traf mich wie ein Blitz. Henry hatte von mir erzählt – und zwar offenbar als wäre ich eine besondere Begegnung für ihn auf dem Camino. Einen Moment lang war ich sprachlos, was mir nicht oft passiert, außer hier in Spanien. Henry stellte mich seiner Begleitung vor: Sonia, eine Frau aus Hamburg mit italienischen Wurzeln, die genau wie ich eine tiefe Verbindung zu Henry zu haben schien. Am Tisch saß außerdem Florian aus Düsseldorf, der einfach nur staunend dabei zusah, wie wir drei auf Anhieb harmonierten.

Während unserer Gespräche fragte mich Henry schließlich, welches Ziel ich auf dem Frances noch verfolge. Ich zögerte nicht und sagte ihm direkt, ohne zu überlegen: „Mein Ziel war es, dich nochmals zu treffen. Und in diesem Moment habe ich mein Ziel erreicht." Henry war für einen kurzen Moment vollkommen still. Dann sah ich, wie sich seine Augen mit Tränen füllten. Er war gerührt von meinen Worten, ich spürte, wie tief diese Begegnung auch ihn bewegte. Sonia bestätigte im selben Moment, dass auch sie gehofft hatte, Henry wiederzusehen. Sie erzählte, dass sie ihn bereits am Bahnhof vor Beginn ihres Caminos getroffen hatte und diese Begegnung sie ebenfalls nicht losgelassen hatte. „Ich wusste, dass ich dich irgendwann wiedersehen werde,“ sagte sie lächelnd, „ich habe es mir so sehr gewünscht.“ Sichtlich angetan warf Henry uns mit einem Lächeln und nassen Augen zu: „Hört bitte auf, mich mit diesen Worten zu überhäufen! Ich bin zutiefst dankbar, aber ich kann das gerade gar nicht mehr fassen.“ Seine Worte, halb im Scherz, halb voller Ernsthaftigkeit, brachten uns alle zum Lachen und ebenfalls fast zum Weinen. Es war ein wunderschöner Moment, in dem wir die Tiefe unserer Begegnung spüren konnten, ohne dass es zu schwer wurde. Es war ein ergreifender Moment, der einen an die Kraft von Begegnungen glauben lässt. Alles fühlte sich so harmonisch an, als hätte es genauso kommen müssen. Die Leere dieses Tages wurde mit einem Mal durch Wärme und Freude gefüllt.

Bei ein paar erstaunlich günstigen Gläsern Rotwein tauchten wir in diverse Gespräche ein, die den Abend zu einem unvergesslichen Erlebnis machten und da ich geplant hatte, in Burgos mit dem Bus einige Etappen zu überspringen, beschlossen wir, uns am nächsten Tag das gleiche Ziel zu setzen, um uns dort wiederzutreffen. Der Gedanke, dass unser gemeinsamer Weg noch nicht hier endete, sondern weitergeführt wurde, erfüllte mich mit Vorfreude – ein weiteres Geschenk des Camino.

Am nächsten Morgen nach einem ausgiebigen Frühstück bei den netten deutschen Gastgebern, machte ich mich fröhlich und erwartungsvoll auf den Weg. Doch schon kurz darauf musste ich feststellen, dass mein Fuß wieder nicht in bester Verfassung war, wie sollte er auch. Unterwegs traf ich zuerst auf Peter und Renate, die wie immer in ihrem eigenen, vertrauten Rhythmus unterwegs waren. Ein Stück weiter begegnete ich dann auch bereits Sonia und Henry, die heute allerdings ein höheres Tempo an den Tag legten als ich. Die Strecke selbst bot wenig Aufregendes, sodass es mich am Ende überraschte, fast zeitgleich mit Sonia und Henry in der Herberge in Atapuerca anzukommen.

Und siehe da: Im Garten der Herberge saß Uli, entspannt wie immer. Werner war ebenfalls da, und

kurz darauf stolzierten auch der schmächtige Peter
und seine Renate durch die Gartentür. Es fühlte
sich an wie ein kleines Wunder. Mein Wunsch, vor
meiner Abreise in Burgos noch einmal alle zusammen zu sehen, hatte sich bereits heute erfüllt.

Nach einer erfrischenden Dusche war ich gerade noch mit Sonia und Henry unterwegs, um uns
ein leckeres Pilgermenü zu gönnen. Währenddessen schmiedeten wir Pläne für morgen: In Burgos
wollten wir eine kleine Abschiedsfeier für mich ver-
anstalten, bevor ich den Bus nehmen würde, um die
notwendigen Etappen zu überspringen. Doch vorerst möchte ich den heutigen Abend genießen – ein
Abend mit allen, die mir auf diesem Weg so wichtig
geworden sind. Magisch, fast unerklärlich, wie der
Camino uns immer vereint. Solche Momente lassen
einen glauben, dass es etwas Größeres gibt, das den
Weg und die Menschen darauf lenkt.

Geradeben war ich noch in der Kirche, die
sich im Dorf befindet, um ein Gebet zu sprechen.
Es war mehr als nur ein kurzer Impuls – es fühlte
sich wie eine innere Notwendigkeit an. In der stillen, kühlen Atmosphäre der Kirche, zwischen den

einfachen Bänken und dem flackernden Licht der Kerzen, spürte ich eine Ruhe, die ich schon lange nicht mehr gefühlt hatte. Es war an der Zeit, innezuhalten. Zu beten. Sich zu bedanken für all das, was man hat – für die kleinen und großen Dinge, die man oft für selbstverständlich hält. Der Jakobsweg hat mir bereits eine wichtige Lektion gezeigt: Jeder Mensch trägt seinen eigenen Rucksack – der eine schwerer, der andere leichter, aber keiner gleicht dem anderen. Und wenn du auch nur einen Moment daran denkst, dein eigener sei der schwerste, dann irrst du dich gewaltig.

In dieser Einsicht begann ich mein Gebet. Ich betete für alle Verstorbenen, die mir nahestanden. Besonders dachte ich dabei an meine Oma, deren Liebe und Weisheit, ohne ein großes Wort zu sprechen, so oft geholfen haben. Und an meinen Cousin, der viel zu früh von uns gegangen ist und dessen Verlust ich bis heute nicht ganz begreifen kann. Ich betete auch für meine Tante, die seitdem so viel Leid in sich trägt. Ich bat um Trost für sie, um einen kleinen Funken Licht in ihrer Dunkelheit.

Meine Gedanken wanderten weiter zu einer Kollegin, die kürzlich eine schreckliche Nachricht erhielt. Ihre Mutter, noch viel zu jung, ist schwer erkrankt, und meine Kollegin, die nun mit dieser

Last kämpfen muss – eine Last, die ihr Alter und ihre Erfahrung nicht tragen sollten. Ich betete für ihre Mutter, dass sie die Kraft findet, diesen Kampf aufzunehmen. Doch noch mehr betete ich für ihre Tochter selbst – dass sie inmitten von Trauer und Angst, Momente der Stärke findet und dass sie Menschen um sich hat, die sie stützen.

Am Ende meines Gebets dachte ich an alle, die mir auf meinem Weg begegnet sind – Menschen, die mir geholfen haben, die mich berührt haben oder die einfach nur ein Lächeln mit mir geteilt haben. Ich bat um Gesundheit, Schutz und Licht für sie. Ich fühlte mich etwas leichter, als ich die Kirche verließ. Ein Gebet hat keine direkten Antworten, aber es hat die Kraft, den Blick zu schärfen und eine kleine Flamme der Hoffnung zu entzünden. Amen.

Als ich wieder zurück im Zimmer war, kehrten schnell die alltäglichen Gedanken zurück, und ich machte dort weiter, wo der Tag begonnen hatte. Gemeinsam mit Henry, Sonia und einer Amerikanerin namens Jessica aus Georgia nahmen die Gespräche in unserem kleinen, aber feinen Zimmer ihren Lauf. Und dabei kamen die Klo-Geschichten auf – einfach der Wahnsinn! „LACH!" Sogar

Jessica musste herzhaft mitlachen, obwohl sie kein Wort Deutsch verstand. Sie erklärte mir, dass allein unser Lachen sie ansteckte und amüsierte. Es sind diese kleinen Momente, in denen die Welt plötzlich leicht und unbeschwert wirkt, die den Camino so besonders machen. Doch irgendwann holte mich die Realität wieder ein. Mein Fuß. Es ist äußerst anstrengend, mit täglichem Schmerz mehrere Kilometer zurückzulegen, und der vollgepackte Rucksack macht es nicht besser. Ich hoffe, dass es bald leichter wird – denn ich will weitergehen.

Dann ab ins Bett. Der Weg nach Burgos wartet.

„Es fällt am schwersten, loszulassen, was wir festhalten wollen, und weiterzugehen, wenn der Wunsch nach Halt uns zurückhält.“

André Ebner

Kapitel 6

Der Neustart – mit dem Sprung über die Meseta

8.9.2022

Es ist bereits 8:00 Uhr morgens, und ich sitze hier wartend auf meinen Bus, der mich über León bis nach Astorga bringen soll. Ein seltsames Gefühl – der Camino, der bisher von meinen Schritten geprägt war, wird für eine Weile von Rädern getragen.

Der gestrige Tag begann auf eine erfreuliche Weise: Ich hatte richtig gut geschlafen. Kein Schnarchen, weder von Henry noch von Sonia oder Jessica. Es war eine Wohltat, die mir mehr Energie gab, als ich gedacht hätte. Jessica, eine interessante Person, ich hatte sie schon des Öfteren auf dem Camino getroffen, ihr aber nie wirklich Beachtung geschenkt. Ihr Gesichtsausdruck war oft grimmig, ernst und leer, fast als ob sie sich in einer eigenen Welt befand. Doch sobald sie lächelte, dann geschah etwas zauberhaftes. Es war, als würde die Sonne aufgehen, ein Moment, der die Schwere ihrer Ausstrahlung mit Leichtigkeit und Wärme durchbrach. Es faszinierte mich, wie die Menschen denen ich hier begegne, ihre so unterschiedlichen Facetten zeigten – kleine Einblicke in die Geschichten, die sie mit sich trugen.

Henry hingegen hatte sich bereits früh unbemerkt aus dem Staub gemacht. Warum, weiß ich nicht, aber es fühlte sich ein wenig wie ein Abschied an. So startete ich diese Etappe in Begleitung von Sonia.

Der frühe Morgen begann düster, nicht nur wegen der frühen Stunde. Es war erst 6:15 Uhr, als wir losmarschierten, die ersten Kilometer waren steinig, uneben und wirkten beinahe bedrohlich im Zwielicht. Doch die Dunkelheit hielt nicht lange an. Bald streifte das erste Licht der Sonne die morgendlichen Wolken, und was sich vor uns auftat, war ein einmaliger Anblick. Die Farben des Himmels mischten sich zu einem Kunstwerk, das kein Maler je hätte erschaffen können. Wir hielten einen Moment inne und ließen uns von diesem Schauspiel überwältigen. Fast ohne ein Wort wechselten wir Blicke, die alles sagten. Die Wahrhaftigkeit des

Camino, dachte ich – sie liegt nicht nur in den Begegnungen oder der körperlichen Herausforderung, sondern auch in den kleinen, flüchtigen Momenten, in denen man sich eins mit der Welt fühlt. Das Strahlen der Sonne zauberte ein Strahlen auf unsere Gesichter. Es war ein Start in den Tag, der mich daran erinnerte, warum ich diese Schritte gehe.

Ansonsten war es das leider auch schon wieder mit der Schönheit auf dieser Route. Egal, ob es mein Rücken war oder mein Fuß, der fürchterlich schmerzte – irgendetwas tat immer weh. Der Camino fordert seinen Tribut, und doch gibt er einem so viel zurück.

Sonia und ich liefen gemeinsam Richtung Burgos, und während wir mühsam Schritt für Schritt vorankamen, öffnete sie sich mir auf eine Weise, die ich nicht erwartet hätte. Wir sprachen über unsere Leben, und es fühlte sich an, als würden wir uns schon viel länger kennen. Doch was sie mir erzählte, ließ mich innehalten. Ihre Kindheit, ihre Jugend – es war mehr als erschreckend, für mich schwer zu ertragen. Mit einer ruhigen Stimme und einer fast unbegreiflichen Gelassenheit erzählte sie von Dingen, die kein Kind je erleben sollte. Ich konnte nicht begreifen, wie ein Mensch einem

Kind so etwas antun kann. Diese Grausamkeiten waren schwer in Worte zu fassen, und doch sprach Sonia darüber mit einer Stärke, die mich gleichermaßen erschütterte und bewunderte. Ich war erstaunt – nein, ich war überwältigt – von der positiven Ausstrahlung, die sie trotz allem mit sich trug. Sonia hat sich nicht von ihrer schwierigen Vergangenheit bestimmen lassen. Sie hat sich ein Leben aufgebaut, in dem sie Erfüllung und Stolz findet. Heute führt sie einen eigenen Friseursalon, ein Geschäft, das sie mit Leidenschaft betreibt und das ihr sichtlich Freude bereitet.

Während sie sprach, merkte ich, wie sich in mir etwas bewegte. Ihr Mut, ihre Stärke – sie waren ein Spiegel dessen, wozu der menschliche Geist fähig ist. Der Camino bringt nicht nur Menschen zusammen, sondern zeigt einem auch, wie unterschiedlich die Lasten sind, die wir tragen. Und Sonia hat ihre Last in etwas verwandelt, das sie trägt, ohne daran zu zerbrechen – etwas, das sie mit jedem Lächeln weitergibt. Ich war tief bewegt und fühlte mich klein angesichts ihrer Geschichte. Doch gleichzeitig verspürte ich eine unglaubliche Dankbarkeit, dass sie mir vertraut hatte und mir diesen Teil von sich anvertraute. Es war ein Moment, der mich einmal mehr daran erinnerte, wie kostbar jede Begegnung auf dem Camino ist – wie sie uns nicht nur verändern, sondern auch bereichern können.

Kurz vor Burgos durchliefen wir ein Industriegebiet, in dem es heftig nach Gummi stank. So etwas hatte ich ehrlich gesagt nicht auf dem Camino erwartet. Der beißende Geruch und die trostlose Umgebung passten nicht zu den Bildern, die ich bisher von diesem Abenteuer in mir trug. Mit schmerzverzerrtem Gesicht und müden Schritten erreichten wir schließlich Burgos – und eine vernünftige Herberge, die auch Uli und Werner kurz nach uns betraten.

Nach einer kurzen Pause in der Herberge, um unsere Füße zu entlasten, suchte Sonia dringend nach einem Sportgeschäft. Sie benötigte unbedingt etwas für ihre Ausrüstung, und kurzerhand beschloss ich, sie zu Decathlon, dem einzigen Sportgeschäft in der Nähe – vermutlich das einzige in Spanien, ich hatte zuvor nichts Vergleichbares entdeckt - zu begleiten. Allerdings war der Laden etwa vier Kilometer von der Herberge entfernt – eine Strecke, die ich in meiner momentanen Verfassung vielleicht hätte überdenken sollen. Unüberlegt und voller Tatendrang gingen wir los. In meinen

Freizeit-Badelatschen schlurfte ich über den Asphalt, während Sonia zügig voranschritt. Schneller als gedacht waren wir dort, und Sonia fand dort alles, was sie brauchte – von nützlichen Kleinigkeiten bis hin zu leichten Handschuhen, da die Nächte bereits ziemlich frisch wurden. Auch ich ließ mich von den praktischen Utensilien verführen und überlegte, was mir nützlich sein könnte. Mein Rucksack aber, weigerte sich und legte Protest ein.

Auf dem Rückweg jedoch bereute ich bereits den zusätzlichen Marsch. Mein Fuß streikte ein weiteres Mal, und jeder Schritt fühlte sich an, als würde ich auf nagendem, glühendem Feuer laufen, jedes Mal ein stechender, brennender Schmerz, der mich quälte. Sonia, die ebenfalls erschöpft war, stützte mich auf den letzten Metern, und gemeinsam halfen wir uns die Stufen zur Kathedrale hinauf, wo sich auch unsere Herberge befand. Dieser Moment, in dem wir uns gegenseitig Halt gaben, fühlte sich wie eine symbolische Geste des Camino an – dass wir nicht allein gehen müssen, selbst wenn der Weg noch so schmerzhaft ist.

Der Abend selbst wurde für mich einmalig. Ich verbrachte ihn mit den Menschen, die mir auf diesem Weg so sehr ans Herz gewachsen waren.

Schließlich endete hier ein Teil meiner Reise. Gemütlich und entspannt saßen wir beisammen, speisten eine Portion Paella und stießen mit Bier wir auf unsere Bekanntschaft an. Nur Henry, von dem fehlte jede Spur. Auch dieser Tag fand sein Ende, und so lagen wir schließlich in unseren Stockbetten – Uli, Werner, Sonia und ich – noch lachend über die letzten Witze, die durch den Raum schallten.

Nach einem kleinen Frühstück und einem Kaffee aus dem Automaten, verabschiedete ich mich zuerst von Peter und Renate die glücklicherweise ebenfalls noch aufgetaucht waren. Ebenso von Uli und Werner, und natürlich auch von Sonia, was mir mehr als schwerfiel. Mit stockender Stimme aber dennoch ordentlichen „Alles Gute" und einem „Buen Camino" wünschte ich ihnen weiterhin eine gute Reise. Obwohl mein Weg an diesem Punkt anders weiterging, fühlte ich die Stärke unserer Verbindung – eine Erinnerung, an die Begegnungen der offenen Herzen, die ich mit mir tragen würde, wohin der Camino mich auch führen mag.

Allein dieses erste Drittel meines Weges hat mir mehr gegeben, als ich je erwartet hätte. Es waren nicht nur die Menschen, die mir begegneten – jede und jeder von ihnen mit ihrer eigenen Geschichte, ihrer eigenen Last und ihrem eigenen Licht. Es waren die Eindrücke, die Landschaften und die Momente, die mich innehalten ließen, die mich berührten, oft mehr, als ich es in dem Moment selbst realisierte. Und es war der Spirit des Camino, dieser unbeschreibliche Hauch von Magie, der die Tage verband und der mir zeigte, dass ich nicht nur einen Weg, sondern auch einen Teil von mir selbst gehe. Ich werde es nicht vergessen, denn mit all seinen Höhen und Tiefen habe ich in diesem Abschnitt etwa 250 Kilometer zurückgelegt – ein Stück dessen, das nun zu mir gehört, dass mir niemand mehr nehmen kann. Jeder Schritt, jeder Schmerz, jede Begegnung hat mich ein Stückweit verändert, bin offener und freier geworden, und dafür bin ich unendlich dankbar.

Doch während ich hier sitze und darauf warte, nach Astorga weiterzureisen, fühle ich auch einen leisen Schmerz. Ein Teil von mir ist traurig, diesen Abschnitt des Weges zu verlassen. Die Bekanntschaften, die ich gemacht habe, die Verbindungen, die entstanden sind – sie fühlen sich an, als gehörten sie noch nicht abgeschlossen. Ich weiß nicht, ob ich jemanden dieser Menschen jemals wiedersehen werde, aber ich hoffe, dass der Lebensweg uns irgendwann wieder zusammenführt.

Ich weiß, dass meine Reise weitergeht, auch wenn es sich nun verändert. In Astorga werde ich diesen Camino fortsetzen – nicht nur, um ein Ziel zu erreichen, sondern um zu erleben, was noch kommt. Und vielleicht, liegt das, was ich suche, nicht nur in Santiago, sondern in jedem Schritt, den ich noch mache.

Buen Camino!

Der Tag neigt sich bereits dem Ende zu....

Auf der Busfahrt bekam ich den einen oder anderen atemberaubenden Blick auf die Landschaft der Meseta. Währenddessen konnte ich auch meine Gedanken ein wenig neu sortieren. Nach langem Überlegen entschied ich mich, vorerst in León zu bleiben, um einen Tag Pause einzulegen und meinen Fuß zu schonen. Es war eine Entscheidung, die sich richtig anfühlte, auch wenn ich nicht sicher bin, ob ich es so bis nach Santiago de Compostela schaffen werde. So war es vielleicht dieser Moment der Reflexion, der mich dazu brachte, spontan etwas Bleibendes hier in Léon zu schaffen: ein Tattoo als Zeichen dafür, wie besonders dieser Weg bereits jetzt für mich ist. Auf meinem rechten Fuß ließ ich mir die bekannte Muschel – den Wegweiser des Jakobswegs – zusammen mit der Schrift „Buen Camino" stechen. Klein, aber bedeutungsvoll, ein Symbol, das mich immer an diese Erfahrung erinnern wird. Auch wenn der Vorfuß vielleicht nicht die beste Stelle für einen Pilger mit festem Schuhwerk ist, dachte ich mir, dass es als Antrieb und neue Motivation dienen kann.

León selbst ist eine beeindruckende Stadt. Sie ist groß und vollgepackt mit Menschen, die durch die verwinkelten Gassen flanieren. Über allem thront die mächtige Kathedrale, ein Monument, das jeden Blick auf sich zieht und einem das Gefühl gibt, klein und ehrfürchtig zugleich zu sein. Nach dem Einchecken in meiner zentral gelegenen Herberge machte ich mich auf, diese Stadt ein wenig zu erkunden. Die Gassen waren lebendig, und es schien, als würde die Stadt niemals schlafen. An einer kleinen Ecke entdeckte ich ein Lokal, das ein spezielles Burger Pilgermenü anbot. Es klang zu verlockend, um es nicht zu probieren. Der saftige

Burger, die knusprigen Pommes und das kühle Getränk (spanisches Bier, was sonst?!) waren genau das, was ich an diesem Tag gebraucht hatte – eine kleine, kulinarische Auszeit vom sonst einfachen Pilgerleben.

Die Herberge selbst ist sehr zentral gelegen, aber ich habe das Gefühl, dass sie nicht nur Pilger beherbergt. Einige der Bewohner, die ich hier beobachte, scheinen eher Studenten zu sein, die sich gerade für einen Abend in der Stadt vorbereiten. Ob die Nacht erholsam wird, bleibt abzuwarten – ich bin skeptisch.

Morgen werde ich erneut mit dem Bus fahren, aber nicht wie ursprünglich gedacht nach Astorga, sondern bis nach Ponferrada. Damit kann sich meine Achillessehne einen weiteren Tag erholen, und ich hoffe sehr, bald wieder bereit zu sein, die restlichen Kilometer des Camino Frances anzutreten.

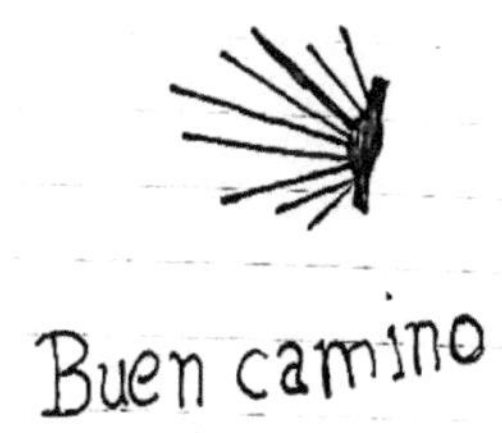

9.9.2022

Heute begann ich ausgeschlafen meine Reise, wie bereits erwähnt, mit dem Bus nach Ponferrada. Die Stadt ist nicht klein, hat aber nicht den Charme von León oder Burgos. Nach meiner Ankunft machte ich mich zuerst auf den Weg zu einer Apotheke, da ich feststellen musste, dass ich meine Wundsalbe fürs Tattoo wohl in der Herberge in León liegen gelassen hatte – ärgerlich! Und so waren schnell zehn Euro unnötig weg.

Untergekommen bin ich in der kirchlichen Herberge San Nicolas de Flüe, die mich positiv überrascht. Sie ist schöner, als ich erwartet hatte, mit einer spirituellen Atmosphäre, die spürbar in der Luft liegt. Im Hof befindet sich eine kleine Kapelle, abgetrennt durch begrünten Boden und eine große Weintraubenlaube, unter der sich mehrere Sitzmöglichkeiten befinden. Auf der saftig grünen Wiese übt eine Gruppe Pilger, Yoga – ein friedlicher Anblick, der für einen Moment Ruhe in mir auslöst. Vielleicht wäre das auch etwas für mich, denn im Moment fällt es mir schwer, innerliche

Ruhe zu finden. Ein merkwürdiges Gefühl begleitet mich seit meiner Ankunft. Immer wieder sehe
ich neue Pilger, die in die Herberge strömen. Sie
kennen sich bereits, scherzen und teilen Geschichten. Die Herberge verfügt über jede Menge Betten,
aber keines der ankommenden Gesichter ist mir
vertraut. Wie auch? Meine Mitpilger, die mir ans
Herz gewachsen sind, liegen etwa 250 Kilometer
weit zurück. Hier bin ich ein Fremder, nur ein Be-
obachter. Ich habe zwar Melvin und Leonie aus
Bayern kurz kennengelernt – zwei freundliche, auf-
geschlossene Menschen, die das Gespräch suchen,
aber es ist im Moment einfach nicht dasselbe.
Plötzlich überkommt mich ein Gefühl der Einsamkeit. Es fühlt sich an, als wäre ich zurückgeworfen
worden – an den Anfang von Allem, oder vielleicht
sogar an sein Ende.

Ich frage mich, ob ich meinen Rhythmus
nochmal finde – den spirituellen, der mich bisher
getragen hat, oder ob ich mich hier, zumindest auf
mentaler Ebene, bereits an einem Punkt befinde,
der wie ein vorzeitiges Ende wirkt. Mal sehen, wie
es in den nächsten Tagen weitergeht. Ich hoffe,
dass dieses Gefühl der Leere bald vergeht und der
Camino mir zeigt, warum ich diesen Weg begonnen
habe.

10.9.2022

Der gestrige Tag in Ponferrada ging dann doch noch entsprechend gut über die Bühne. Am Nachmittag drehte ich eine Runde und schlenderte durch die Stadt, die mich mit ihrem lebendigen Flair überraschte. Dabei lernte ich Elisia kennen, eine Belgierin, die ebenfalls auf dem Camino unterwegs war. Gemeinsam spazierten wir zu einem Straßenfest, das an einer beeindruckenden, prunkvollen Burg stattfand. Offensichtlich war ein Feiertag in Spanien, weshalb die meisten Geschäfte geschlossen hatten – eine Information, die mir wie so oft entgangen war. Dadurch konnte ich mir wieder keine Vorräte besorgen, was mich etwas ärgerte. Elisia und ich wechselten ein paar Worte, doch wie es meist auf dem Camino so ist, trennten sich unsere Wege bald wieder. Später traf ich sie zufällig erneut, und sie erzählte mir von einem Stand auf dem Markt, an dem sie für ihr Essen viel zu viel bezahlt hatte. Ihre Enttäuschung über die Abzocke war deutlich, und es blieb mir nichts anderes übrig als mitzuschmunzeln.

Am Abend in der Herberge saß ich mit Melvin und Leonie zusammen in der Weinlaube unter den erntereifen roten Weinreben, die über unseren Köpfen baumelten. Bei einem Glas Wein und einem einfachen Abendessen unterhielten wir uns angeregt über unseren bisherigen Camino, unser Privatleben und all die Geschichten, die uns auf diesem Weg bereits widerfahren waren. Besonders ihre Begegnung mit streunenden Hunden hinterließ bei mir einen bleibenden Eindruck. Melvin und Leonie erzählten, dass sie einmal nachts unterwegs gewesen wären, als sie in der Ferne plötzlich das bedrohliche Bellen von Hunden hörten. Die Dunkelheit um sie herum war undurchdringlich, und schon bald standen ihnen zwei der Streuner direkt gegenüber. Voller Angst und Unbehagen entschieden sie sich, umzukehren. Doch die Hunde folgten ihnen und ließen nicht locker. Panik machte sich breit, als sie auch noch das Bellen weiterer Hunde in der Nähe hörten. Sie gingen immer weiter, wagten es kaum, sich umzudrehen – bis sie es doch taten und erleichtert feststellten, dass die Hunde verschwunden waren. Nach diesem Vorfall hatten sie einen Umweg genommen und waren froh, dass die Situation glimpflich ausgegangen war. Ihre Geschichten von schmerzenden Füßen, den

Herausforderungen durch Blasenentzündungen und Krankenhausbesuchen in Spanien – wo die Gesundheitsversorgung nicht immer leicht zugänglich war – beeindruckten mich.

Es war ein ehrlicher Austausch über die Höhen und Tiefen, die der Camino mit sich bringt. Kurz bevor wir zu Bett gingen, gesellte sich Sophie aus Deutschland noch kurz zu uns. Es war ein angenehmer Abend, doch aus den Gesprächen wurde mir klar, dass Melvin und Leonie jeden Tag deutlich größere Strecken zurücklegten als ich. Meine Hoffnung auf ein Wiedersehen schwand, doch ich versprach mir, die Begegnung als Erinnerung mitzunehmen, die mich weiterhin begleiten würde.

Am neuen Tag, wieder auf eigenen Beinen unterwegs nach Villafranca del Bierzo — begegnete ich wie bereits vermutet keinem der bekannten Gesichter vom Vortag. Die Strecke war mühsam, und die Schmerzen in meinem Fuß wollten einfach nicht nachlassen, deswegen blieb es bislang bei den wiederkehrenden Gedanken, ob ich überhaupt eine Antwort auf meine Beweggründe finden würde, oder ob sich der freie Kopf beim Wandern durch Spaniens Boden, maximal mit Schmerzen auseinandersetzen müsse.

Ursprünglich plante ich für morgen eine kürzere Etappe von 19 Kilometern, doch durch eine leichte Erkältung, die ich mir auch noch zugezogen hatte, und die anhaltenden Beschwerden müsste ich wohl morgen besser 24 Kilometer laufen – andernfalls stünden übermorgen 30 Kilometer an, und das erscheint mir momentan unmöglich. Der Camino Frances verlangt mir tatsächlich alles ab. Ich wusste, dass es nicht einfach wird, aber dass ich so sehr an meine körperlichen und mentalen Grenzen stoßen würde, damit hatte ich nicht gerechnet. Dennoch versuche ich stark zu bleiben – in der Hoffnung, dass sich das Blatt wendet und sich alles bald zum besseren wendet, aufgeben ist für mich keine Option!

Kapitel 7

Der Weg zur inneren Kraft – Magie auf den Bergen Galiciens

11.9.2022

Der Fußmarsch nach La Faba war alles andere als leicht. Schon heute Morgen wachte ich mit triefender Nase, kratzendem Hals und einem schweren Kopf auf. Es fühlte sich an, als würde mein Körper mir sagen, dass er genug hat. Doch es gab auch einen kleinen Lichtblick: Mein Fuß schmerzte weniger, und so schaffte ich die ersten 10 Kilometer recht zügig. Doch dann begann die Strecke sich in die Länge zu ziehen. Jeder Kilometer wurde zu einem Kampf, und ich begann ernsthaft zu überlegen, ob ich nicht den Tag früher beenden sollte. Ich war mehr mit der Strecke beschäftigt als mit mir. Immer wieder warf ich einen Blick auf die Karte, prüfte das Höhenprofil und wusste: Wenn ich heute nicht die Zähne zusammenbeiße, erwartet

mich morgen früh ein heftiger Anstieg. Die Höhen-
meter, könnten mir den Rest geben.

Die letzten fünf Kilometer waren ein echter Kraftakt. Die Route führte steil bergauf durch steiniges Gelände, und überall schwirrten mir Fliegen oder andere lästige Viecher ins Gesicht. Das Schlimmste, seit ich auf dem Frances unterwegs war. Mit jedem Schritt fühlte ich, wie meine Kraft schwand. Schweißnass, außer Atem und am Ende meiner Kräfte erreichte ich schließlich doch noch die Herberge in La Faba. Doch was mich dort erwartete, war außergewöhnlich.

Schon bei meiner Ankunft wurde ich mit einem Glas Zitronenwasser empfangen – erfrischend, kühl und genau das, was ich in diesem Moment brauchte. Die Herberge selbst war ein kleines Wunder: ein beeindruckendes Bauwerk, komplett aus Stein gemauert, mit einer wunderschönen Kapelle und einem charmanten Innenhof. Die Mischung aus rustikaler Schlichtheit und spiritueller Ruhe gab dem Ort eine besondere Magie. Ich wurde herzlich und geduldig von den deutschen Herbergsbetreuerinnen aufgenommen, wo ich einen Moment benötigte, um meinen erschöpften Atem zu regulieren. Sie zeigten mir mein Bett, erklärten mir die Küche, in der man mit den bereitgestellten Lebensmitteln selbst kochen konnte – alles auf freiwilliger Spendenbasis. Diese Wärme und

Hilfsbereitschaft fühlten sich in diesem Moment wie ein Geschenk an. Dann geschah etwas Unerwartetes:

Ich stellte fest, dass die Herbergsmutter niemand anderes war als Marita, die ich vor Monaten in einem Camino-Forum auf Facebook kennengelernt hatte. Damals hatte sie mir bereits wertvolle Tipps gegeben, und jetzt erinnerte sie sich tatsächlich an mich, als ich sie darauf ansprach. Doch das Beeindruckendste war: Marita half nur zufällig in dieser Herberge aus. Ein weiterer dieser beeindruckenden Camino-Effekte, die einem immer wieder zeigen, wie dieser Weg die Dinge auf unerklärlicher Weise zusammenführt. Ohne zu zögern, bot sie mir erneut ihre Hilfe an, insbesondere für meinen schmerzenden Fuß und die Planung meiner bevorstehenden Abreise aus Spanien. Ich war überwältigt von ihrer Fürsorge und unendlich dankbar.

Noch bevor ich meinen angeschlagenen Körper eine Pause gönnte, zog es mich in die kleine Kapelle der Herberge. Die Stille des Raums umhüllte mich, und ich fand mich betend wieder — nicht nur für meine Schmerzen oder die anstrengende Etappe, sondern auch für die Menschen, die ich bis hierher getroffen hatte und für all jene, die mir geholfen haben, weiterzugehen.

„Danke für diesen Weg, mit all seinen Höhen und Tiefen. Gib mir die Stärke, die nächsten Schritte zu gehen, und lass mich erkennen, dass jeder Tag ein Geschenk ist — auch die schweren. Und wenn meine Reise hier endet, dann lass mich das mit Dankbarkeit annehmen. Amen.“

Nach diesem Moment fühlte ich eine Ruhe, die ich lange nicht mehr gespürt hatte. Morgen stehen mir circa 27 Kilometer bevor – eine weitere Herausforderung, die ich nur bewältigen kann, wenn ich mir jeden Schritt bewusst mache. Doch mittlerweile freue ich mich auch auf das Ende dieses Abenteuers, darauf, meine Liebsten wieder in die Arme zu schließen, die ich jeden Tag mehr vermisse und gefühlt, dass das tägliche Telefonat nicht mehr reicht.

Dear Lord Jesus Christ,

Let me love more freely

Let me Love more dearly

Let me love more truly

From the bottom of my heart

From the last and tiniest corner

and fiber of my soul

From the furthest and smallest

throught of my spirit

Let me love with compassion

Let me love with passion

Let me love without ceasing

With all my hopes

With all my desires

With all that I am

Let me love bodly

Let me love fiercely

Let me love truly

Let me love with my heart on fire,

fearless and unconditionally

AMEN

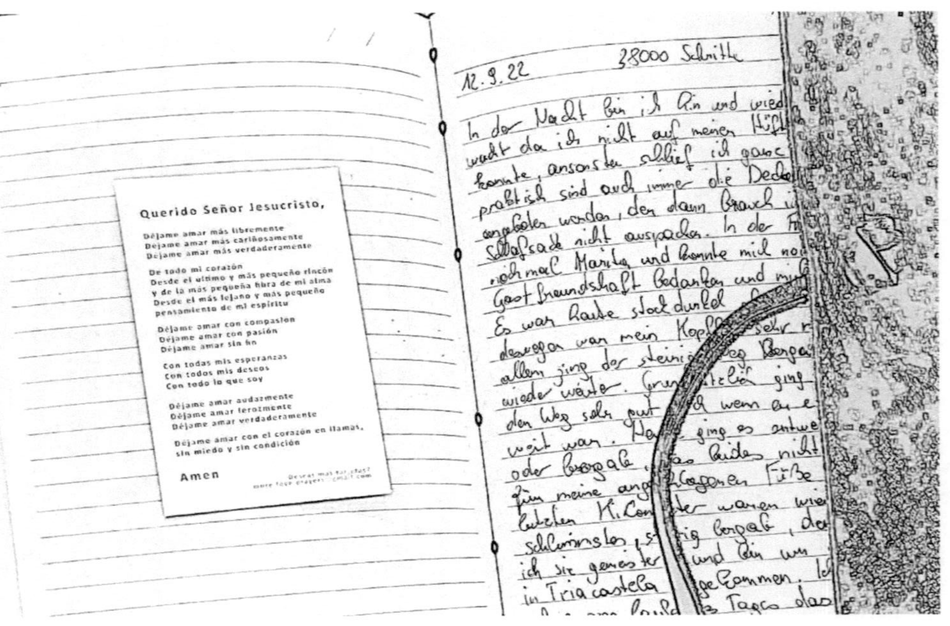

Querido Señor Jesucristo,

Déjame amar más libremente
Déjame amar más cariñosamente
Déjame amar más verdaderamente

De todo mi corazón
Desde el último y más pequeño rincón
y de la más pequeña fibra de mi alma
Desde el más lejano y más pequeño
pensamiento de mi espíritu

Déjame amar con compasión
Déjame amar con pasión
Déjame amar sin fin

Con todas mis esperanzas
Con todos mis deseos
Con todo lo que soy

Déjame amar audazmente
Déjame amar ferozmente
Déjame amar verdaderamente

Déjame amar con el corazón en llamas,
sin miedo y sin condición

Amen

12.9.2022

Gestern Abend kochte ich mir noch Spaghetti mit Tomatensoße – ein einfaches, aber wohltuendes Essen nach einem anspruchsvollen Tag. Danach zog es mich zurück zur kleinen Kapelle. Ich saß eine Weile davor, beobachtete die Menschen um mich herum und ließ meine Gedanken schweifen. Ich fragte mich, was die fremden Menschen wohl hierhergeführt hatte. Welche Beweggründe, welche Geschichten, welche Hoffnungen hatten sie auf diesen Weg gebracht? Es faszinierte mich, wie der Camino für jeden etwas anderes bedeutete und doch alle miteinander verband. Bevor ich zu Bett ging, befolgte ich den Ratschlag von Marita und massierte meinen schmerzenden Fuß mit meiner Voltaren Schmerzcreme. „Tief in den Schmerz hinein", hatte sie gesagt, und ich folgte ihren Worten. Vielleicht war es nicht nur die Creme, sondern auch die Zuversicht, die sie mir mitgab, die eine Wirkung entfaltete.

In der Nacht schlief ich erstaunlich gut,

obwohl ich hin und wieder aufwachte. Dabei bemerkte ich, dass ich nicht auf meinen Hüften liegen konnte. Auch diese schienen mittlerweile angeschlagen zu sein. Dennoch fühlte ich mich am Morgen ausgeruht – die angebotenen Decken machten es praktisch, dass ich mir das Ein- und Auspacken meines Schlafsacks hin und wieder sparen konnte. Am frühen Morgen sah ich Marita ein letztes Mal und bedankte mich nochmals herzlich bei ihr für alles. Es war so verrückt, dass sie nur zufällig hier aushalf. Der Camino Spirit hatte wieder zugeschlagen – ich konnte es kaum glauben.

Als ich loslief, war es noch stockdunkel. Mein Kopflicht erwies sich als unverzichtbar, besonders auf dem steinigen Weg, der gleich wieder bergauf führte. Es war ein intensiver Start in den Tag, doch ich fühlte mich erstaunlich gut. Auch wenn der Weg lang war, mit ständigem Auf und Ab, spürte ich, dass ich außergewöhnlich viel Energie hatte. Die letzten Kilometer waren wie immer die schwierigsten, doch ich meisterte auch diese. Um 15:30 Uhr erreichte ich Triacastela – müde, aber voller Zufriedenheit. Etwas war anders an diesem Tag. Schon während des Laufens spürte ich es. Mein Körper war fit und voller Tatendrang, und meine Schmerzen schienen kaum vorhanden. Es war, als ob der Glanz des Camino zurückgekehrt wäre. Ich konnte es förmlich spüren – die Ausdauer, die mich heute getragen hatte, der klare Kopf, der sich auf jeden Schritt konzentrierte. Seit langem war mein Geist wieder frei, von jeglichem Zweifel und Kummer. Vielleicht hatte Marita tatsächlich etwas damit zu tun, oder es war einfach das Geschenk dieses besonderen Abschnitts. Obwohl ich immer noch die meiste Zeit allein unterwegs war, störte es mich nicht. Im Gegenteil: Ich genoss die Ruhe, die Einsamkeit, die Momente, in denen ich einfach nur für mich selbst sein konnte. Es fühlte sich gut und richtig an – körperlich, aber vor allem auch im Inneren.

Im Dorf angekommen, nachdem ich durch etliche Bauernhöfe gewandert war, vorbei an den unterschiedlichsten, beeindruckenden Kornspeichern und unzähligen unübersehbaren Kuhfladen, war ich für einen Moment unsicher. Sollte ich direkt die Municipal ansteuern oder lieber nach einer anderen Herberge Ausschau halten, in der Hoffnung, dass dort noch Platz frei war? Mein Instinkt riet mir, weiterzugehen. Und siehe da – jemand meinte es heute sehr gut mit mir.

Ich fand mich in der Pension Herberge Lemos wieder, einem traumhaften kleinen Ort. Wären nicht später noch vier Spanier eingetroffen, hätte ich die Herberge tatsächlich ganz für mich allein gehabt. Doch auch so fühlte ich mich glücklich und angekommen.

Nach einer kurzen Rast und einer nötigen Dusche, machte ich mich auf den Weg in den Supermarkt und die Apotheke, um etwas für meine noch immer wasserfallartige triefende Nase zu besorgen. Anschließend kehrte ich ins Camplexo Xacobeo ein, das offenbar der Treffpunkt für Pilger in diesem Ort war. Dort gönnte ich mir ein ausgiebiges Pilgermenü, welches meinen Bauch mehr als füllte: Nudelsalat als Vorspeise, ein saftiges Beefsteak mit Pommes als Hauptgang und zum krönenden Abschluss ein Eisdessert. Dazu gab es frisches Baguette und eine ganze Flasche Hauswein für mich allein und das alles für gerade einmal 12 Euro. Ich konnte mein Glück kaum fassen. Was will man mehr? Während ich dasaß, zufrieden und satt, dachte ich daran, wie sehr der Weg einen manchmal in die Knie zwingt – körperlich, aber auch geistig. Doch am Ende kommt immer wieder das Gute zum Vorschein. Manchmal ist es ein gutes Essen, eine warme Dusche oder einfach nur ein Sonnenstrahl, der dein Gesicht streift und deine Seele berührt. Und in diesen Momenten spürst du die

Vollkommenheit des Camino – diese kleine, aber unerschütterliche Hoffnung, dass hinter jeder Herausforderung auch ein Licht wartet.

13.9.2022

Die Nacht war alles andere als erholsam. Auf Grund der Spanier, die scheinbar keinen Gedanken an Rücksichtnahme verschwendeten, hatte ich deutlich schlechter geschlafen, als ich erahnen konnte. Ich bin immer wieder erstaunt über die Respektlosigkeit, die selbst auf dem Camino nicht haltmacht. Lautes Gequatsche, ewiges Knistern und Wühlen in Plastiktaschen am frühen Morgen – das Ego treibt sich auch in Spanien herum. Dagegen war das Schnarchen des alten Herrn neben mir fast schon ein beruhigendes Hintergrundgeräusch. Viel zu müde wartete ich noch einen Moment, bevor ich losging, da es leicht regnete. Und das Warten hatte sich gelohnt – jemand meinte es schon wieder gut mit mir, denn ich blieb den ganzen Tag über trocken. Trotz des Schlafmangels fühlte ich mich nach wenigen Metern erstaunlich fit, und meine Füße trugen mich ohne größere Beschwerden. Es lief gut, und ich konnte die Etappe in einer angenehmen Zeit bewältigen.

Die Etappe selbst war, wie so oft, ein

ständiges Auf und Ab – anstrengend, aber die malerische Landschaft um mich herum machte jede Mühe wett. Die Aussicht war atemberaubend, und die Natur mit ihren satten Farben und friedlichen Klängen wirkte beruhigend auf mich. Später wurde es jedoch lebendiger, als mich eine Kuhherde einholte. Ich musste zur Seite weichen und am Wegesrand stehen bleiben, um dieses urige Bild zu genießen. Und dann geschah etwas, womit ich schon gar nicht mehr gerechnet hatte, was den Tag für mich besonders machte: Die Bekanntschaft mit Lisa aus Hamburg.

Endlich mal wieder jemanden, der dieselbe Sprache spricht, dachte ich, während wir ins Gespräch kamen. Lisa war freundlich, unkompliziert und genau die Gesellschaft, die ich an diesem Tag brauchte. Wir harmonierten so gut, dass wir den restlichen Tag gemeinsam liefen. Zuerst machten wir eine kurze Pause bei einer Tasse Kaffee und genossen den Moment. Auf der Strecke selbst redeten wir so viel, dass wir fast nicht bemerkten, wie schnell wir vorankamen – bis wir schließlich in Sarria standen. Es fühlte sich an, als wäre die Route heute nur halb so lang gewesen. Das Interessanteste, was Lisa mir erzählte, war ihre Leidenschaft für Fußball. Sie ist Torhüterin und spielt sogar in einer höheren Liga. Mit leuchtenden Augen berichtete sie von ihren Spielen und auch von ihrem Partner, der diese Leidenschaft teilt – oder vielleicht übertreibe ich ein wenig, da ich selbst lange intensiv gekickt habe. Es könnten auch meine Augen gewesen sein, die geleuchtet haben, als sie davon berichtete. Besonders beeindruckend fand ich, dass ihre Mutter bereits unterwegs nach Sarria war, um mit ihr die letzten 100 Kilometer nach Santiago de Compostela gemeinsam zu laufen.

Zum Abschluss unserer Begegnung beschlossen wir, noch zusammen Mittag zu essen. Danach trennten sich unsere Wege wieder, als wir zu unseren jeweiligen Herbergen gingen deren Adresse wir folgten. Es war eine Begegnung, die mich bereichert hat – eine willkommene Abwechslung, die mich den Camino für einen weiteren Tag in einem anderen Licht sehen ließ. Kurzerhand tauschten wir noch unsere Nummern aus und vereinbarten, uns gegenseitig ein Foto von Santiago zu schicken, falls wir uns nicht mehr wiedersehen würden. Vielleicht kreuzen sich unsere Wege noch einmal – der Jakobsweg hat mich schon oft überrascht.

Kapitel 8

Sarria – Zwischen Schatten und Licht

14.9.2022

Was für eine Horrornacht. Die schlimmste, seit ich auf dem Camino unterwegs bin. Und das, obwohl alles so vielversprechend begann, als ich gestern in der Herberge angekommen war. Jeder machte sich verrückt, dass man ab Sarria keine Betten mehr bekommen würde, doch ich war einmal mehr allein im Zimmer – bis Luca ein junger Italiener noch dazu kam. Luca trug seine Baseballmütze verkehrt rum, war freundlich und sehr sympathisch mit italienischem Temperament. Er entschied sich, mit ein paar seiner Bekanntschaften Abendessen zu gehen. Er fragte mich sogar, ob ich mitkommen würde. Doch aus irgendeinem unerklärlichen Grund sagte ich ab. Ein Fehler, wie sich bald herausstellen sollte.

Um etwa 20 Uhr betrat eine Gestalt das Zimmer, die direkt aus einem Horrorfilm stammen könnte. Es dämmerte bereits, und das schummrige Licht ließ gerade genug erkennen: Schmutzige Kleidung, ein zerzauster Bart, eine lange, fettige Mähne unter einem speckigen Hut. Dazu ein riesiger Rucksack, eine Plastiktüte voller Gerümpel und eine lange, dünne Tasche, die aussah, als würde sie ein Jagdgewehr enthalten. Vielleicht war er ein Wilderer, vielleicht ein verirrter Bösewicht aus einem Italo-Western – wer weiß?

Ein mulmiges Gefühl machte sich in mir breit. Ich blieb ruhig in meinem Bett und schob mein kleines Klappmesser, das sonst eher für Wurst und Käse zuständig war, vorsichtig unter mein Kopfkissen. Sicher ist sicher. Der Mann begann damit, eine Bierdose nach der anderen zu öffnen. Jede geleerte Dose zerknüllte er und warf sie zurück in die Plastiktüte. Dabei machte er die seltsamsten Geräusche: ein lautes Schnaufen, gefolgt von einem Rülpsen und – sagen wir es ehrlich – die Ansammlung von Gas in seinem Bauch – waren von einer beeindruckenden Serie von Winden, die mich ernsthaft an seinem inneren Frieden zweifeln ließen. Es war eine Performance, wie man sie selten erlebt, und keine, die man unbedingt wiederholen möchte.

Nach einer Weile schlief er ein. Doch der Frieden war trügerisch, denn seine Blase schien sich bald zu melden, und Schwupps – die nächste Bierdose wurde zugleich geöffnet. Mein einziger Gedanke: „Woher hat der Kerl all das Bier?" Ein wenig holprig verließ er für einen Moment das Zimmer, um Platz für die nächste Dose zu schaffen, die er abermals schnaufend in sich hinein kippte.

Endlich kam Luca zurück. Er blieb für einen kurzen Moment wie angewurzelt stehen, als er den Mann sah, schüttelte leicht den Kopf und sprang dann schnell ins Bett. Doch von Schlaf konnte keine Rede sein. Zwischen dem Schnarchen des Fremden, dem Rascheln der Plastiktüte und dem Klimpern der Dosen hatte ich das Gefühl, in einem Konzert des Grauens zu sitzen. Um 3 Uhr früh blickte ich immer noch auf die Uhr und überlegte ernsthaft, zu packen und eine Nachtwanderung zu starten. Aber irgendwie schlief ich doch noch ein – wahrscheinlich aus purer Erschöpfung.

Früh morgens war ich alles andere als ausgeschlafen. Doch um 6 Uhr hielt mich nichts mehr in diesem Zimmer. Schneller als je zuvor packte ich meine Sachen, murmelte ein „Buen Camino" und flüchtete in die frische Luft. Und siehe da: Der

Camino erstrahlte erneut in seinem Glanz. Ich blieb vom vorhergesagten Regen verschont und traf auch schon früh Lisa und ihre Mutter, die sie mir auf dem Weg kurz vorstellte. Ihre vertrauten Gesichter und die kurze Unterhaltung ließen die Erlebnisse der Nacht langsam verblassen. Der neue Tag konnte beginnen – und vielleicht, nur vielleicht, brachte er ja ein bisschen Normalität zurück.

An diesem Tag musste ich leider feststellen, dass der Camino ab Sarria tatsächlich eine andere Atmosphäre bietet. Es fühlte sich plötzlich nicht mehr wie der ruhige, spirituelle Weg an, den ich bisher erlebt hatte. Stattdessen wirkte alles wie eine Touristenattraktion. Menschen über Menschen, die sich nur auf den letzten 100 Kilometern in Bewegung setzen – oft nicht aus einem inneren Antrieb heraus, sondern um die bekannten Stempel zu sammeln und sich in Santiago die Compostela, die Pilgerurkunde, abzuholen. Es war schwer, diesen Wandel nicht zu bemerken. Der Frances schien voller, lauter, und der bisher so tiefgründige Charakter des Camino wirkte auf mich plötzlich etwas oberflächlicher. Doch während ich Schritt für Schritt und Kilometer für Kilometer weiterging, versuchte ich, mich nicht davon beirren zu lassen.

Ich erinnerte mich daran, warum ich hier bin. Meine Reise hat mehr Bedeutung, als ein Ziel zu erreichen oder eine Urkunde in den Händen zu halten. Es geht um die Erfahrungen, die Begegnungen und die Veränderungen, die ich unterwegs erlebe. Das kann mir niemand nehmen – auch nicht die Menschenmassen um mich herum. Mit diesem Gedanken lief ich weiter. Egal, wie sehr sich der Camino ab Sarria verändert haben mag, ich werde meinen Weg bis zum Ende gehen – so, wie ich ihn begonnen habe: mit offenem Herzen und dem Wunsch, auf diesem besonderen Abenteuer zu wachsen.

In Portomarín angekommen gönnte ich mir nach einer kurzen Pause etwas Zeit, um den Ort zu erkunden. Während ich durch die Straßen lief, traf ich nicht nur mehrfach meinen italienischen Freund Luca, sondern auch – schon wieder – Lisa und ihre Mutter. Sie saßen gemütlich vor einem Lokal an der Straße und winkten mir zu, als sie mich entdeckten. Natürlich erzählte ich ihnen sofort ausführlich von meiner nächtlichen Begegnung mit dem grausamen Typen, was bei den beiden für entsetztes Kopfschütteln und ein paar ungläubige Blicke sorgte. Lisa lächelte schließlich und meinte, ich könne mich gerne zu ihnen setzen. Ich vergewisserte mich höflich, dass ich nicht störe – schließlich war das ihr erster gemeinsamer Tag in Spanien, und ich wollte ihnen ihre Zeit nicht nehmen. Doch sie versicherten mir, dass es kein Problem sei, und so gesellte ich mich dazu. Wir plauderten eine Weile, tauschten Geschichten aus und genossen die entspannte Atmosphäre. Nachdem beide gegessen hatten, schlug Lisa vor, eine Runde Karten zu spielen. Das Spiel, meinte sie, hieße Schwimmen. Als sie mir die Regeln erklärte, fiel mir plötzlich auf, dass ich das Spiel doch kannte – allerdings unter einem ganz anderen Namen. „Bei uns heißt das Hosn obe“, sagte ich, und sofort blickten mich beide fragend an.

„Hosn… was?“ Lisa und ihre Mutter verstanden meinen Dialekt zunächst nicht, doch als ich erklärte, dass es „Hosen runter“ bedeutet, brach bei uns das Gelächter aus. Lisas Mutter meinte sogar, sie kenne den Ausdruck, und das führte zu noch mehr Gelächter. Es war einer dieser Momente, in denen man merkt, wie nah sich Menschen trotz ihrer Unterschiede kommen können – sei es durch Dialekt, Humor oder ein einfaches Kartenspiel. Es war eine wunderbare Begegnung, voller Leichtigkeit und Harmonie, die mir den Tag in Portomarín noch schöner machte.

Mit Blick auf die prunkvolle Kirche in Portomarín ließ ich meinen Gedanken schweifen, als plötzlich ein grollender Schrei durch die Luft drang – eher ein Ruf, rau und furchteinflößend. Instinktiv drehte ich mich danach, und mein Herz rutschte mir kurz in die Hose: Es war der Mann, mit dem ich in Sarria meine traumatische Nacht verbracht hatte. Da stand er, in all seiner unheimlichen Pracht, und brüllte irgendetwas, das ich nicht verstand, in die Ferne. Es schien, als rief er einem Saufkumpan zu, den ich am anderen Ende des Platzes entdecken konnte. Der Gedanke, dass dieser Typ auch nur annähernd jemanden haben könnte, der ihn freiwillig begleitet, schien mir fast absurd.

Während ich ihn beobachtete, wurde mir langsam klar, dass ich hier wohl einem Vagabunden begegnet war, der den Camino offenbar als Kulisse für seine Eskapaden nutzte. Ob er sich regelmäßig den Schädel flutete oder einfach in einer ganz eigenen Welt unterwegs war, konnte ich nur mutmaßen. Eines jedoch fiel mir auf: Die lange, dünne Tasche, die ich in Sarria noch für ein Jagdgewehr gehalten hatte, enthielt wohl doch keine Waffe. Vermutlich war es eher ein Musikinstrument –

vielleicht ein Didgeridoo? Diese Vorstellung brachte mich kurz zum Schmunzeln, aber gleichzeitig hoffte ich inständig, diesen Menschen nie wieder zu begegnen. Mit einem letzten Blick in seine Richtung wandte ich mich wieder den Beiden zu. Der Camino bringt die unterschiedlichsten Charaktere zusammen – einige inspirieren, andere lehren Geduld. Und dann gibt es solche Begegnungen, die man einfach gerne vergessen würde.

Plötzlich wurde es ein wenig kompliziert. Mein Handy klingelte, und ich bekam einen Anruf von zu Hause – meine ältere Tochter. Es gab einen Stromausfall, und meine Kinder waren allein zu Hause. Als wäre das nicht genug, zog auch noch ein Gewitter auf, und das Dachfenster ließ sich ohne Strom nicht schließen. Panik machte sich in mir breit. Ich war knapp 2400 Kilometer entfernt und konnte nichts anderes tun, als mit meinem Telefon einen Marathon zu starten. Mein Kopf spielte die schlimmsten Szenarien durch, und das Gefühl der Hilflosigkeit drückte schwer auf mich. Doch ich musste einen klaren Kopf bewahren. Nach etlichen Anrufen und einem unruhigen Hin und Her löste sich das Problem glücklicherweise von selbst. Es stellte sich heraus, dass auch die Nachbarn von dem Stromausfall betroffen waren und sich bereits darum kümmerten. Schließlich kam der Strom zurück, und das Dachfenster ließ sich wieder schließen.

Die Erleichterung, die mich in diesem Moment überkam, war unbeschreiblich. Mit einem tiefen Atemzug legte sich die Aufregung langsam, und ich konnte meine Aufmerksamkeit wieder vollkommen Lisa und ihrer Mutter widmen. Lisa, Martina (so heißt Lisas Mutter, wie ich inzwischen erfahren hatte) und ich, verbrachten noch eine schöne restliche Zeit miteinander. Es war ein angenehmer Abschluss des Tages, und ich war dankbar für ihre Gesellschaft, die mir half, die Anspannung hinter mir zu lassen.

„Eines Tages klopfte die Angst an die Tür. Der Mut stand auf und öffnete, aber da war niemand draußen."

André Ebner

Kapitel 9

Die letzten Schritte nach Santiago – Menschen die ans Herz wachsen

15.9.2022

Endlich hatte ich mal wieder richtig gut geschlafen – und das, obwohl sieben Personen in einem doch eher kleinen Zimmer untergebracht waren. Ausgeschlafen und erfrischt schaffte ich es heute um ca. 7:15 Uhr loszugehen. Mittlerweile ist es morgens noch dunkel und recht düster, aber meine Stirnlampe leistet dabei wirklich beeindruckende Arbeit. Der Nebel schlich heute mystisch durch die Landschaft, ein leises Unwesen, das die Umgebung in eine besondere Stimmung tauchte, mich aber nicht behinderte. Die Etappe war geprägt von Phasen der Ruhe, in denen ich es hin und wieder schaffte, den Abstand zu den „Touristen-Pilgern" zu halten. Da meine Schmerzen kaum noch spürbar waren, fühlte sich auch mein Kopf freier an. Während ich lief, sortierten sich meine Gedanken wie von selbst – der Camino arbeitete, ohne dass ich es wirklich merkte. Nur ein Gedanke begleitete mich an diesem Tag etwas schwerer – Glückwünsche zum Hochzeitstag, aus der Ferne nach Hause an meine Frau. Ein weiteres Ereignis, dass wir dieses Jahr nicht zusammen verbringen.

Auf dem Marsch nach Palas de Rei, wo ich gerade angekommen war, begegnete ich bis dahin niemandem, den ich kannte. Ich war allein mit meinen Schritten, meinen Gedanken und der Natur. Doch wie so oft auf dem Camino, ereignete sich das nächste Außergewöhnliche.

Ich entschied mich, dem Supermarkt, der sich am Ende des Ortes befindet, einen kurzen Besuch abzustatten – dort traf ich unerwartet auf Lisa. Noch bevor ich das Geschäft betrat, winkte sie mir, bereits zahlend an der Kasse stehend, zu. Ich war verblüfft, sie hier zu sehen, so unverhofft und zufällig. Lisa erzählte mir, dass sie es eilig habe. Sie und ihre Mutter hatten sich bei der reservierten Unterkunft geirrt, und Lisa musste nun noch weitere vier Kilometer bis zur nächsten Ortschaft laufen, um rechtzeitig bis 18:00 Uhr dort anzukommen und die Betten zu sichern. Da Martina nicht so schnell unterwegs war, hatte Lisa sie zurückgelassen, um vorauszulaufen. Wir tauschten noch ein paar kurze Worte, dann eilte Lisa davon.

Ich tätigte meinen Einkauf und machte mich auf den Rückweg zur Herberge. Während ich wieder ohne Erwartung die Straße entlanglief, sah ich plötzlich Martina, Lisas Mutter. Sie saß bei einer Tasse Kaffee und machte gemütlich Pause. Ich konnte nicht anders, als zu lächeln. Es ist schon etwas merkwürdig: Den ganzen Tag über begegnest du niemandem, und plötzlich, trotz der weiten Strecken, die wir jeden Tag zurücklegen, und der scheinbaren Unendlichkeit dieses Landes, triffst du genau die Menschen, mit denen du dich auf eine gewisse Art verbunden fühlst. Wir plauderten ein paar Sätze, und kurz darauf kehrte ich zurück zur Herberge, wo ich meinen Fertigsalat verzehrte.

Ich bin mal gespannt, wie diese Nacht wird. Der Schlafsaal ist gut gefüllt, aber immerhin bieten die Bettkojen Vorhänge, die eine gewisse Privatsphäre ermöglichen – ein Luxus, den man hier zu schätzen weiß. Santiago ist zum Greifen nah. Der Gedanke, bald wieder in meinem eigenen Bett zu liegen, erfüllt mich mit Vorfreude. Doch gleichzeitig weiß ich, dass mir der „Buen Camino", der

aufmunternde Gruß, fehlen wird. Der Jakobsweg
hat eine Welt geschaffen, die ich wohl nie ganz vergessen werde.

16.9.2022

Heute kam ich ein wenig später los – erst kurz vor acht schaffte ich es, in die Gänge zu kommen. Dafür hatte ich keine Stirnlampe mehr nötig, da das Tageslicht bereits stark genug war. Dennoch fühlte sich der Morgen anders an. Es waren unglaublich viele Menschen unterwegs, und die Gespräche, schienen lauter als je zuvor, was mich tierisch nervte.

Nach einem kleinen Frühstück, das ich mir gönnte, lief ich weiter, immer wieder versuchend, Abstand von dem Gequatsche der "Möchtegern-Pilger" zu gewinnen. Der Vormittag verlief ereignislos, bis ich unterwegs Martina traf, die wie immer ein wenig hinter ihrer Tochter Lisa herlief. Kurz darauf, vor der Stadt Melide, sah ich Lisa sitzen. Sie winkte mir zu, und wir beschlossen, gemeinsam Mittag zu essen. Wir warteten auf ihre Mutter, und als sie zu uns aufgeschlossen hatte, machten wir uns auf den Weg zu einem nahegelegenen Restaurant. Dabei begegneten wir einem weiteren Pilger – einem Herrn ebenfalls aus

Hamburg, der sich uns anschloss. Er schien freundlich und aufgeschlossen, und so verbrachten wir zu viert die Mittagszeit. Im Restaurant entschied ich mich, zum ersten Mal Pulpo (Oktopus) zu probieren, eine Spezialität der Region. Und was soll ich sagen? Es war überraschend gut! Ich könnte mir vorstellen, das wieder zu essen. Während wir speisten, stellte sich heraus, dass unser neuer Begleiter Geburtstag hatte. Zufällig und ohne große Ankündigung beschloss er, uns alle zur Feier des Tages einzuladen. Er bezahlte alles, was wir bestellt hatten – Getränke, Essen, alles. Ich war sprachlos. Solche Momente erinnern einen daran, wie großzügig und herzlich Menschen sein können, selbst wenn sie Fremde sind. Der Camino ist nicht nur ein Weg der Schritte, sondern auch ein Weg der Menschlichkeit. Und heute war einer dieser besonderen Tage, an denen einem bewusst wird, dass das Teilen von Momenten das Herz ebenso füllt wie ein gutes Essen den Magen.

Anschließend lief ich wieder allein weiter, in meinem eigenen Tempo. Doch der Gedanke ließ mich nicht los, dass wir uns vielleicht am Abend noch einmal zum Essen treffen könnten. Schließlich sollte man die letzten Tage des Caminos nutzen, um Zeit mit den Menschen zu verbringen, bei denen man sich wohl und aufgehoben fühlt und genau das tat ich bei den Beiden. So sprang ich über meinen Schatten und verlies mich ausnahmsweise mal nicht auf den Zufall, den sogenannten Spirit auf dem Jakobsweg und schrieb Lisa eine kurze Nachricht, mit meiner Idee den Abend gemeinsam zu gestalten, worauf sie glücklicherweise positiv reagierte.

Die letzten Kilometer nach Arzúa waren unglaublich anstrengend. Meine Beine schmerzten, und meine Energie war fast aufgebraucht. Es war schon kurz vor 17 Uhr, als ich endlich ankam – so spät war ich bisher noch nie irgendwo angekommen. Die späte Ankunft bedeutete auch, dass ich nicht sofort ein Bett fand. Nach einem zweiten Versuch ergatterte ich schließlich doch noch einen Platz in einer großartigen Herberge. Sie war offenbar neu, sehr gepflegt, und mit 15 Euro auch etwas teurer, aber die Qualität war es wert. Trotz der vielen Kilometer und all der Strapazen überraschte mich mein Körper heute noch einmal: Ich habe mir tatsächlich eine kleine Blase am kleinen Zeh eingefangen. Wer hätte das nach so vielen gelaufenen Kilometern noch gedacht? Es scheint, der Camino hat immer noch ein paar Überraschungen für mich auf Lager – manchmal herausfordernd, manchmal wunderbar.

Am Abend traf ich mich wie geplant mit Martina und Lisa. Wir fanden ein kleines Restaurant, in dem wir eine Pizza bestellten – nicht rund wie üblich, sondern rechteckig. Ein Detail, das uns zum Schmunzeln brachte und den Moment noch besonderer machte. Die Pizza war köstlich, aber das Highlight des Abends waren einmal mehr die Gespräche. Lisa und Martina, zwei Menschen, die mir mittlerweile sehr ans Herz gewachsen sind. Ihre Sympathie, die leichte und doch tiefgründige Art, wie sie miteinander und mit mir umgehen, macht jede Begegnung mit ihnen zu etwas Besonderem. Ich weiß schon jetzt, dass diese beiden Frauen eine weitere unvergessliche Begegnung auf meinem Camino bleiben werden.

Mit einem vollen Bauch und einem zufriedenen Herzen endete der Abend. Die Tage hier in Spanien werden immer weniger, und das Ziel rückt näher. Doch es sind genau solche Momente, die den Weg so besonders machen und in Erinnerung bleiben – mehr als jeder Kilometer.

21.9.2022

Es ist eine Weile her, dass ich in mein ledernes Tagebuch geschrieben habe. Die letzten Tage sowie die vielen Kilometer, die ich hinter mich gebracht hatte, waren so intensiv, dass ich keine Gelegenheit fand, meine Gedanken und Erlebnisse niederzuschreiben.

Am Samstag, den 17. September, begann der Tag etwas hektisch. Ich hatte verschlafen und musste mich beeilen, um pünktlich aus der Herberge zu kommen. Doch kaum 500 Meter auf dem Weg traf ich schon wieder auf Lisa und Martina. Gemeinsam gingen wir bis zur nächsten Bar, wo wir uns ein kleines Frühstück gönnten – dringend nötig, um meine Beine mit Energie zu versorgen. Nach einem kurzen, angenehmen Plausch verabschiedete ich mich von den beiden, um wieder allein zu laufen. Es ist nicht so, dass ich ihre Gesellschaft nicht schätze – im Gegenteil. Doch das Alleinlaufen hat für mich einen besonderen Wert. Der Rhythmus beim gemeinsamen Gehen ist selten derselbe, und ich merke schnell, dass mein Körper und Geist nicht vollständig zufrieden waren, wenn ich mich anpasste. Allein zu laufen, fühlte sich freier und natürlicher an. Es erlaubte mir, meinen eigenen Rhythmus zu finden, meinen Gedanken nachzuhängen und den Weg in meiner eigenen Geschwindigkeit zu erleben. Und das Schöne am Camino ist: Man muss nicht ständig gemeinsam unterwegs sein, um eine Verbindung zu halten. Meistens kreuzen sich die Wege ohnehin wieder, irgendwo, irgendwann. Dieser kurze Moment mit Lisa und Martina erinnerte mich daran, wie flexibel und dynamisch der Camino ist. Man kann allein sein, ohne einsam zu sein, und zusammen sein, ohne aneinander gebunden zu sein. Es ist ein ständiges Geben und Nehmen, das auf natürliche Weise seinen Lauf nimmt.

Dieses Mal war es jedoch anders – Lisa und Martina habe ich vorerst nicht mehr getroffen. Dafür ergab sich eine neue Bekanntschaft auf dem Pfad. Eine Weile lang fiel mir auf, dass ich mit einer Dame immer wieder im gleichen Rhythmus lief. Wir überholten uns gegenseitig, gewannen aber keinen Abstand voneinander. Es war fast schon komisch, wie synchron wir unterwegs waren. Nach einiger Zeit überlegte ich, sie anzusprechen, ich fühlte mich sogar verpflichtend dazu, bevor es peinlich wurde. Sie wirkte nicht, als käme sie aus Spanien, also fragte ich sie einfach: „Woher kommst du?" Und wer hätte es gedacht? Deutschland, natürlich! Und wie könnte es anders sein – Hamburg. Ihr Name war Susanne, und wir mussten beide feststellen, dass wir nicht nur die gleiche Sprache sprechen, sondern auch exakt das gleiche Lauftempo hatten. Es war das erste Mal für mich, dass ich jemanden traf, der meinen Rhythmus auf dem Camino perfekt teilte. Es fühlte sich normal an, den Rest des Tages zusammen zu laufen. Die Harmonie zwischen uns stimmte von Anfang an, und wir führten unterhaltsame Gespräche.

Susanne war ein ausgesprochen geselliger Mensch – und das sage ich nicht ohne Grund. Sie selbst meinte lachend, wenn man bei ihr den „Knopf drückt", sei es schwer, ihr Mundwerk wieder abzuschalten. Doch es war witzig, ihr zuzuhören. Sie erzählte viel von ihrem Berufsleben, ihrer Karriere und den Herausforderungen, die sie in ihrer Firma erlebt hatte. Es war interessant, ihre Geschichten zu hören – voller Höhen und Tiefen, wie sie eben das Leben schreibt. „Aber wo ist es schon einfach?", meinte sie, und ich musste zustimmen. Dieser Tag mit Susanne war eine willkommene

Abwechslung. Es war faszinierend, mit jemandem zu laufen, der so perfekt in meinen Rhythmus passte, und der Tag verging dadurch fast wie im Flug.

Als wir in O Pedrouzo ankamen, wurde es zum ersten Mal auf meinem Camino richtig schwierig, eine Unterkunft zu finden. Die erste Herberge, die wir ansteuerten, machte einen wenig einladenden Eindruck. Sie war alles andere als schön – jede andere Herberge, in der ich bisher übernachtet hatte, war um Längen besser. Da ich bisher nie größere Probleme hatte, ein Bett zu finden, entschieden wir uns, weiterzusuchen.

Die zweite Herberge war ein ganz anderes Kaliber: Sie sah aus wie eine Villa oder ein Luxushotel. Doch genau das war wohl das Problem – sie war bereits ausgebucht. Ein kurzer Hoffnungsschimmer, der genauso schnell wieder verflog. Also weiter zur nächsten Herberge.

Die dritte Herberge, die wir fanden, sah wieder vielversprechend aus. Doch als wir fragten, ob es noch freie Betten gab, kam auch hier die ernüchternde Antwort: „Alles belegt." Langsam machte sich ein wenig Panik breit. Es wurde immer später, und der Gedanke, die Nacht unter freiem Himmel verbringen zu müssen, rückte unangenehm nahe. Der nette Herr am Empfang hatte allerdings noch eine Alternative: ein Einzelzimmer mit Doppelbett. Kaum hatte er das Angebot ausgesprochen, trafen sich Susannes Blicke mit meinen, es dauerte keine zwei Sekunden, bis wir gleichzeitig und bestimmt ablehnten. Schließlich kannten wir uns gerade mal einen Tag – das wäre doch etwas zu viel des Guten gewesen.

Auf dem Rückweg zur ersten Herberge, die uns ursprünglich nicht gefallen hatte, sprachen wir darüber, ob wir das Einzelzimmer im Notfall doch nehmen sollten. Es war schließlich besser, als auf der Straße zu schlafen. Doch zum Glück kam es nicht so weit. In der ersten, nicht ganz so schönen Herberge waren gerade noch zwei Betten frei. Es war kein Traum Ort – eher funktional als gemütlich – aber immerhin eine Matratze und eine warme Dusche. Welch ein Glück! Als wir später im Zimmer unsere Betten bezogen, konnten wir darüber lachen. Der Camino fordert uns immer wieder heraus, aber irgendwie fügt sich am Ende doch alles. Und für diese Nacht waren wir einfach nur froh, ein Dach über dem Kopf zu haben.

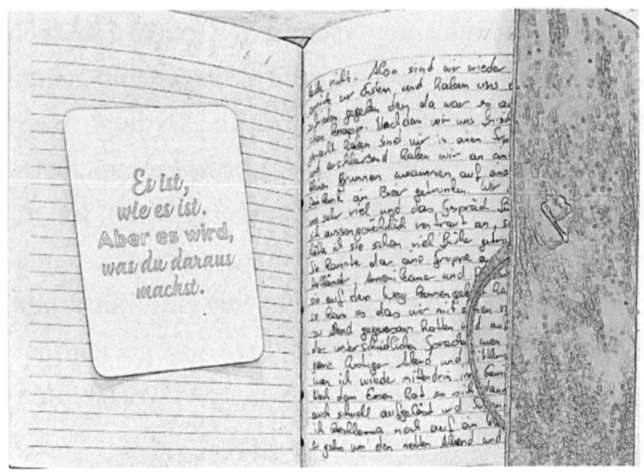

Nachdem wir uns frisch gemacht hatten, gingen wir noch zusammen in den Supermarkt. Anschließend setzten wir uns an einem kleinen Brunnen auf die von Sonnenstrahlen erwärmte Steinbank, gönnten uns ein Bierchen und ließen den Tag Revue passieren. Während wir plauderten, stellte ich fest, wie außergewöhnlich vertraut sich unser Gespräch anfühlte. Es war, als hätte ich Susanne schon viel früher getroffen, als würden wir uns schon seit Jahren kennen.

Susanne erzählte mir von einer Gruppe, die sie auf ihrem Camino kennengelernt hatte. Sie bestand aus einer bunt gemischten Truppe von Holländern, Amerikanern und Deutschen. Wie es der Camino will, dauerte es nicht lange, bis wir auf diese Gruppe stießen. Sie überredeten uns, mit ihnen gemeinsam zu Abend zu essen. Ausgemacht, fanden wir uns in einem großzügigen Gastgarten eines Restaurants wieder. Das Abendessen war sehr unterhaltsam und lebhaft. Die unterschiedlichen Sprachen und Kulturen sorgten für ein ständiges Hin und Her von Gesprächen, die manchmal ernst, manchmal einfach nur lustig waren. Es fühlte sich an, als wäre ich wieder voll im Camino-Fieber, getragen von der Energie, Euphorie und dem Humor dieser Gruppe.

Nach dem Essen löste sich die Gesellschaft recht schnell auf, aber Susanne und ich waren noch nicht bereit, den Abend enden zu lassen. Wir beschlossen, uns ein Glas Wein zu gönnen, um den angebrochenen Abend und unsere harmonische Bekanntschaft ausklingen zu lassen. Auf der Veranda eines kleinen Restaurants herrschte eine stimmige Atmosphäre. Die warme Nachtluft, das sanfte Licht und die leise Musik im Hintergrund machten den Moment perfekt. Und als wäre es noch nicht genug, entschied ich mich erneut für Pulpo – zum zweiten Mal auf meinem Camino. Der Geschmack hatte mich wieder überzeugt, und nebenbei ließ Susanne mich eine Karte aus ihren

Motivationsstapel ziehen, mit der Aufschrift,

„*Es ist wie es ist. Aber es wird, was du daraus machst.*"

um meinen Geist auf die letzten restlichen Kilometer vorzubereiten. Schlussendlich nahm auch dieser Abend ein Ende.

Wir kehrten in die Herberge zurück, wo wir uns ein quietschendes Metallstockbett teilten, Susanne oben, ich unten. Gemütlich war was anderes und der viel zu laute Ventilator wirbelte die stickige, warme Luft im Raum herum, und dennoch, fiel ich mit einem zufriedenen Gefühl in den Schlaf. Der Camino hatte mir einen weiteren unvergesslichen Tag geschenkt.

Kapitel 10

Santiago – Das Ziel und der Anfang

Am nächsten Morgen, nach einer durchwachsenen Nacht in einem viel zu warmen Zimmer, dauerte es eine Weile, bis wir aufbrechen konnten. Susanne musste erst noch ihre Blasen an den Füßen versorgen – im Gegensatz zu mir hatte sie damit deutlich mehr zu kämpfen. Schließlich machten wir uns auf den Weg. Die ersten Kilometer gingen wir gemeinsam. Wir unterhielten uns noch ein wenig, tranken unterwegs einen Kaffee und nahmen einen kleinen Snack zu uns. Doch danach wurde es allmählich still zwischen uns. Die Stimmung veränderte sich. Uns beiden wurde immer mehr bewusst, welches Datum heute war: der 18. September 2022 – der Tag, an dem wir Santiago de Compostela erreichen würden. Es war die letzte Etappe, mit wenigen Kilometern die letzte Möglichkeit, mit unseren Gedanken in die Welt der Pilger einzutauchen, zwischen Vergangenheit und Gegenwart zu wandern, den Weg noch einmal zu durchleben, jeden Schritt zu spüren und das Erlebte verarbeiten zu können. Wir sprachen uns kurz ab und waren uns einig: Diese letzten Schritte wollten wir allein sein, jeder für sich, in seinem eigenen Tempo, und mit einem stillen Einverständnis, nahm ich etwas Fahrt auf, um den nötigen Abstand zu schaffen.

Die Strecke war geprägt von meinen Gedanken. Kilometer um Kilometer gingen an mir vorbei, während Erinnerungen an die Begegnungen, die Herausforderungen und die einzigartigen Momente des Caminos durch meinen Kopf zogen. Es war, als ob die Etappe mir die Zeit gab, alles noch einmal zu erleben, bevor ich mein Ziel erreichte. Nach knapp 20 Kilometern war es dann fast so weit. Auf einer Anhöhe an der Stadtgrenze konnte ich zum ersten Mal einen Blick über Santiago werfen. Und da war sie – die Kathedrale, das Symbol des Endes meiner Reise. Ich setzte mich auf einen kleinen Vorsprung, um diesen Moment in mich aufzunehmen. Während ich dort saß und in die Ferne blickte, holte mich Susanne ein. Unsere Blicke trafen sich, und ein kurzes, stilles Lächeln reichte aus. Wir mussten nichts sagen – wir wussten beide, dass wir es gleich geschafft hatten.

Ich nahm einen letzten Schluck Wasser, biss in einen Müsliriegel und atmete tief durch. Dann richtete ich mich auf, hievte meinen Rucksack über die Schultern und korrigierte die Gurte ein letztes Mal, damit er festsaß. Mit einem Gefühl, das zwischen Freude, Erleichterung und Wehmut schwankte, setzte ich mich in Bewegung. Schritt für Schritt näherte ich mich dem Stadtzentrum, bereit, mein Ziel zu erreichen – die Kathedrale von Santiago.

Kurz nach Mittag erreichte ich das Zentrum von Santiago de Compostela. Noch bevor ich den Hauptplatz betrat, fiel mir die veränderte Atmosphäre auf. Es wurde immer lauter, die Menschen zahlreicher, der Lärmpegel stieg mit jedem Schritt, und Musik trällerte durch die Straßen. Ein Geigenspieler zog die Aufmerksamkeit der Vorbeigehenden auf sich, und dann passierte ich das Tor – und war endlich da. Vor mir erstreckte sich der Hauptplatz, eine Ansammlung von Menschen, die mit Freude, Erstaunen und Erleichterung in ihren Gesichtern diesen Moment feierten. Ich machte ein paar Schritte weiter, vorbei an Gruppen, die sich umarmten, Fotos machten oder einfach nur verweilten. Dann bog ich um die Ecke – und da war sie.

Die Kathedrale von Santiago de Compostela stand vor mir in ihrer ganzen Pracht. Ein gewaltiges Bauwerk, das meinen Blick fesselte. In diesem Moment fiel es mir schwer, zu glauben, dass ich wirklich hier war. Die Emotionen der Menschen um mich herum – ihre Tränen, ihr Lachen, ihr stilles Staunen – waren greifbar und berührend. Es war ein außergewöhnlicher Moment, der sich in die Seele brannte. Es dauerte nicht lange, bis ich Susanne entdeckte, die ebenfalls angekommen war. Ich trat zu ihr, gratulierte ihr von Herzen und bedankte mich für die Begegnung und die gemeinsamen Kilometer, die wir auf dem Camino geteilt hatten. Mit Tränen in den Augen erwiderte sie meine Worte. Ein bewegender Moment, der uns beide spüren ließ, wie tief dieser Weg uns berührt hatte.

Nachdem ich ein paar Minuten innegehalten hatte, um meine Gedanken ein weiteres Mal zu sortieren, besser gesagt, zu realisieren was ich erreicht hatte, machte ich mich auf den Weg zum Pilgerbüro, um meine wohlverdiente Compostela abzuholen. Natürlich war ich nicht der Einzige, der dieses Ziel anvisierte, und so hieß es erst einmal: geduldig warten. Während ich in der Schlange stand, traf ich zufällig die Truppe vom Vorabend wieder. Es fühlte sich wie ein Wiedersehen mit alten Freunden an, und wir beschlossen, bei einem gemeinsamen Getränk auf unsere Ankunft anzustoßen. Währenddessen verabredeten wir uns, am späten Nachmittag gemeinsam die Pilgermesse in der Kathedrale zu besuchen und anschließend den Abend mit einem Essen ausklingen zu lassen.

Der Tag, der so lange und weit entfernt schien, war nun da. Und er war so viel mehr, als ich mir hätte vorstellen können. Nachdem ich meine Compostela abgeholt hatte, zog es mich noch einmal zurück zur Kathedrale. Ich wollte diesen Anblick und diesen Moment noch einmal bewusst wahrnehmen, um mir vor Augen zu halten, was ich hier erreicht hatte. In meinem Kopf spielten sich etliche Kilometer ab, Ereignisse zogen vor meinem inneren Auge vorbei, und eine Welle der Dankbarkeit durchströmte mich. Es war immer noch schwer zu fassen. Während ich dort stand und die Atmosphäre auf mich wirken ließ, begegnete ich plötzlich Lisa vor der Kathedrale. Ihre Anwesenheit freute mich riesig, mit stolzem Blick grüßte sie mich herzlich. Ich ließ ihre Mutter schön grüßen, nachdem wir ein gemeinsames Foto vor der Kathedrale machten.

Danach wagte ich den nächsten Schritt: Ich betrat die Kathedrale von Santiago de Compostela. Drinnen war die Atmosphäre prunkvoll und doch magisch still. Die hohen Decken und die kunstvollen Details strahlten eine beeindruckende Würde aus, auch wenn das Bauwerk von außen größer wirkte. Ich ließ mich von der Architektur leiten und wagte es unter den Altar, um einen Blick auf das

Grab des heiligen Jakobus zu erhaschen. Es war ein besonderer Moment, auch wenn die Schlange der Besucher kaum Zeit ließ, um den Anblick zu genießen. Doch der kurze Augenblick reichte – und ja, ein Foto musste natürlich sein.

Anschließend machte ich mich auf den Weg zu meiner Herberge, die ich vorab gebucht hatte. Hier wollte ich auf Nummer sicher gehen, um keine Zeit an diesen besonderen Tag zu verlieren. Nach einer Dusche und einer kurzen reflektierenden Rast war es auch schon Zeit, mich wieder zur Kathedrale aufzumachen, um rechtzeitig zur Messe zu erscheinen.

Am Hauptplatz traf ich mich mit dem Rest der Bande, und wir betraten gemeinsam die prall gefüllte Kathedrale. Die Messe war etwas ganz Besonderes, auch wenn ich kaum ein Wort verstand. Es war die Atmosphäre, das Zusammenspiel von Menschen aus aller Welt und die Energie des

Augenblicks, die diese Erfahrung so bedeutend machten. Während der Messe begegneten wir noch einer jungen Frau namens Svenja, die ebenfalls aus Deutschland kam. Sie hatte den Camino erst in Sarria begonnen, schloss sich aber spontan unserer kleinen Gruppe an. Nach der Messe beschlossen wir, gemeinsam essen zu gehen, auch Lisa und Martina trafen wir auf den Weg zum Restaurant, leider hatten die beiden bereits andere Pläne, doch es war schön, ihnen noch einmal zu begegnen.

Im Restaurant amüsierten wir uns herzlich, vor allem über die Verwirrung, die durch die unterschiedlichen Sprachen entstand. Es war ein ständiges Wechselspiel zwischen Deutsch und Englisch — und manchmal sprachen sogar zwei Deutsche miteinander auf Englisch, einfach aus Gewohnheit. Es war leicht chaotisch, aber genau das machte es so lustig und charmant. Doch bevor der Abend ein Ende fand und wir uns verabschiedeten, wurde es plötzlich sehr emotional. James, der ältere Herr aus Amerika, erhob seine Stimme, um sich zu bedanken. Mit einem warmen Lächeln und Tränen in den Augen sprach er über die wunderbare Zeit, die er hier hatte, und die wundervollen Menschen, die er auf seinem Weg kennenlernen durfte. Seine Worte berührten uns alle tief. Als der junge Holländer, den wir alle für seinen Humor und seine Lebensfreude schätzten, James herzlich in die Arme nahm, war der Moment voller Emotionen. Es war, als ob die gesamte Schönheit des Caminos sich in dieser Umarmung bündelte – ein Augenblick, der so viel über die Verbundenheit und die Einzigartigkeit dieses Weges aussagte.

Nachdem wir uns draußen vorm Restaurant noch voneinander verabschiedet hatten, bemerkte ich, dass Lisa mir geschrieben hatte. Sie fragte, ob ich Lust hätte, noch auf einen Abschiedsdrink vorbeizuschauen. Ohne lange zu überlegen, entschied ich mich, die beiden in einem kleinen Lokal der Stadt aufzusuchen. Auch dieser letzte Moment mit Lisa und Martina war etwas ganz Besonderes. Wir lachten, waren dankbar über unsere Begegnung und Erlebnisse und sprachen über die Zukunft. Bevor ich aufbrach, um rechtzeitig vor Mitternacht in der Herberge zu sein, forderten mich die beiden mit einem Augenzwinkern auf, unbedingt mal nach Hamburg zu kommen – am besten, um dort ein Musical zu besuchen, was ich auf jeden Fall in Betracht ziehen werde.

In der Herberge angekommen, ging ich

schließlich mit gemischten Gefühlen ins Bett. Der Camino hatte mich verändert, mir unvergessliche Momente geschenkt und mich mit Menschen verbunden, die mir ans Herz gewachsen waren. Doch ganz zu Ende war meine Reise noch nicht – Fisterra wartete noch auf mich.

„*Das Ende ist oft nur der Anfang in einer anderen Gestalt – alles eine Frage der Perspektive.*"

André Ebner

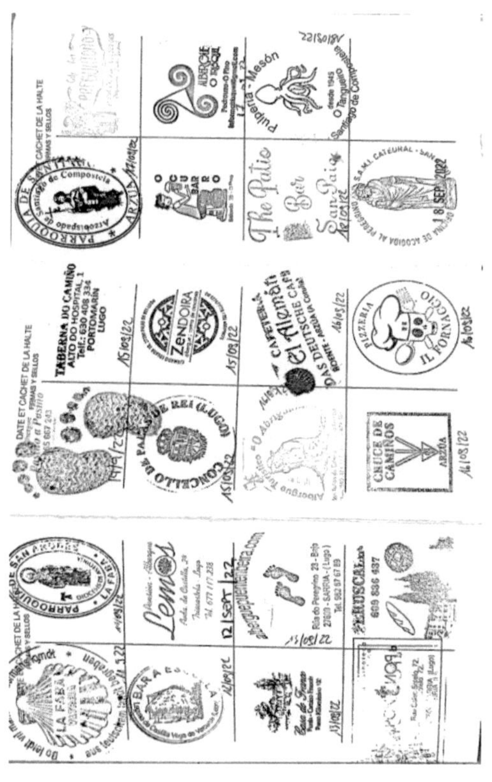

Capitulum huius Almae Apostolicae et Metropolitanae Ecclesiae Compostellanae, sigilli Altaris Beati Iacobi Apostoli custos, ut omnibus Fidelibus et Peregrinis ex toto terrarum Orbe, devotionis affectu vel voti causa, ad Limina SANCTI IACOBI, Apostoli Nostri, Hispaniarum Patroni et Tutelaris convenientibus, authenticas visitationis litteras expediat, omnibus et singulis praesentes inspecturis, notum facit: Dnum.

Andream Ebner

hoc sacratissimum templum, perfecto Itinere sive pedibus sive equitando post postrema centum milia metrorum, birota vero post ducenta, pietatis causa, devote visitasse. In quorum fidem praesentes litteras, sigillo eiusdem Sanctae Ecclesiae munitas, ei confert.

Compostellae die 18 mensis Septembris Anno Sancto Dni 2022

Segundo L. Pérez López
Canonicus Deputatus pro Peregrinis

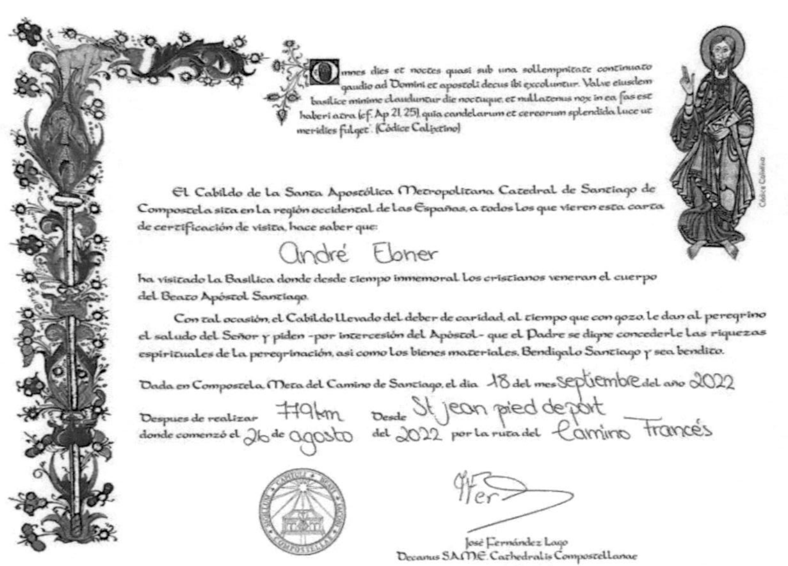

Omnes dies et noctes quasi sub una sollempnitate continuato gaudio ad Domini et apostoli decus ibi excoluntur. Valve eiusdem basilice minime clauduntur die noctuque, et nullatenus nox in ea fas est haberi atra (cf. Ap 21, 25), quia candelarum et cereorum splendida luce ut meridies fulget". (Códice Calixtino)

El Cabildo de la Santa Apostólica Metropolitana Catedral de Santiago de Compostela sita en la región occidental de las Españas, a todos los que vieren esta carta de certificación de visita, hace saber que:

André Ebner

ha visitado La Basílica donde desde tiempo inmemoral los cristianos veneran el cuerpo del Beato Apóstol Santiago.

Con tal ocasión, el Cabildo llevado del deber de caridad, al tiempo que con gozo, le dan al peregrino el saludo del Señor y piden -por intercesión del Apóstol- que el Padre se digne concederle las riquezas espirituales de la peregrinación, así como los bienes materiales. Bendígalo Santiago y sea bendito.

Dada en Compostela. Meta del Camino de Santiago, el día 18 del mes septiembre del año 2022

Despues de realizar 779 km Desde St Jean pied de port donde comenzó el 26 de agosto del 2022 por la ruta del Camino Francés

José Fernández Lago
Decanus S.A.M.E. Cathedralis Compostellanae

Kapitel 11

Am Ende der Welt – Fisterra

Am nächsten Tag, dem 19. September 2022, machte ich mich auf die Suche nach dem Bus, der mich nach Fisterra bringen sollte. Nachdem ich die Bushaltestelle gefunden hatte, blieb mir noch etwas Zeit, um Santiago weiter zu erkunden. Die Stadt wirkte an diesem Morgen noch lebendiger, und es war schön, die letzten Eindrücke dieser besonderen Stadt in mich aufzunehmen. Um 13 Uhr war es dann so weit: Der Bus fuhr entlang der Küste, und ich konnte die Schönheit der spanischen Landschaft in vollen Zügen genießen. Die Küstenlinie war rau und zugleich malerisch, und die Aussicht auf den Ozean begleitete mich mit jedem Kilometer. Spaniens Landschaft hat so einiges zu bieten, und dieser Weg nach Fisterra war keine Ausnahme.

Nach meiner Ankunft in Fisterra machte ich mich gleich auf die Suche nach einer Bleibe. Es dauerte nicht lange, bis ich ein kleines, aber ausreichendes Zimmer gefunden hatte. Kaum hatte ich meine Sachen abgestellt, machte ich mich auch schon auf in Richtung berühmten Kap – dem „Ende der Welt", wo der 0-Kilometer-Stein steht. Der Fußmarsch dorthin war länger als erwartet, aber das störte mich nicht, denn ich hatte genügend Zeit. Unterwegs passierte etwas Unerwartetes: Mir kam Luca entgegen, der junge Italiener mit der Baseballmütze, den ich in Sarria kennengelernt und danach kaum mehr gesehen hatte. Schon bei unserer ersten Begegnung war er mir sympathisch gewesen, und ich bedauerte, dass wir nicht mehr Zeit auf dem Camino miteinander verbrachten. Doch ich war froh, ihn hier noch einmal getroffen zu haben, um mich ordentlich von ihm zu verabschieden.

„I wish you all the best, my friend"

Buen Camino!

Am „Ende der Welt" angekommen, wurde meine hohe Erwartung nicht enttäuscht. Der Ausblick war schlichtweg phänomenal: ein unendlicher Weitblick über das Meer, strahlend blauer Himmel, und das Licht der Sonne spiegelte sich glitzernd auf der Oberfläche des Ozeans. Es war ein Moment, der sich nur schwer in Worte fassen lässt. Hier, am letzten Ort meiner Reise, fühlte ich eine Mischung aus Erfüllung, Dankbarkeit und Staunen. Der „Null-Kilometer-Stein" war nicht nur ein Symbol für das Ende des Weges, sondern auch für das Ende eines Kapitels voller Erinnerungen, Herausforderungen und unvergesslicher Begegnungen. Ich stand dort, blickte hinaus auf den endlosen Ozean und wusste: Das war der perfekte Abschluss meines Caminos.

Doch das, sollte noch nicht das Ende sein!

Nach all dem Aufsaugen der Eindrücke und den Stolz, den ich innerlich am „Ende der Welt" verspürte, machte ich mich auf den Rückweg – diesmal zu einem Sandstrand in der Nähe meiner Herberge. Mein Ziel: den Sonnenuntergang zu genießen und diesen Tag mit einem besonderen Moment abzuschließen. Als ich am Strand ankam, konnte ich meinen Augen kaum trauen. Ich ging über einen langen Holzsteg, der sich durch die Dünen schlängelte, und sah eine Kulisse, wie man sie sonst nur in Filmen kennt. Der Strand war herrlich – fast menschenleer – und von einer so perfekten Kulisse, dass er einem Bilderbuch glich. Einfach atemberaubend!

Ich suchte mir einen Felsen, machte es mir dort bequem und lauschte dem Rauschen des Meeres. Die wenigen Menschen, die sich in der Ferne aufhielten, waren wie stille Statisten in diesem Naturschauspiel, dabei ließ mich auch ihre Nacktheit manch freizügiger Gestalten nicht beirren. Ich ließ meinen Blick schweifen, und während ich diese malerische Schönheit in mich aufnahm, hörte ich plötzlich eine vertraute Stimme hinter mir. Ich drehte mich um und sah einen jungen Mann, der gerade auf einen Felsen kletterte, um sich die sandigen Hände an einer Wasserquelle zu waschen. Es war Melvin, und direkt hinter mir stand Leonie. Ich richtete mich auf, ging ein paar Schritte auf sie zu, und fragte vorsichtig, um sicherzugehen, dass es tatsächlich die beiden waren, „Kann es sein, dass wir uns kennen?“ Leonie sah mich an, und in ihrem Gesicht las ich ungläubiges Staunen. Euphorisch rief sie meinen Namen, „Andreee!“ mit einer Herzlichkeit, die mich tief berührte, und fiel mir freudestrahlend in die Arme. „Schau mal, wer hier ist!“, rief sie Melvin zu, und auch er war sichtlich begeistert mich zu sehen.

Es war einer der ergreifendsten Momente auf meiner Reise – ein Gefühl, das ich kaum in Worte fassen kann. Nach all der Zeit, nach all den Kilometern, uns hier, an diesem einzigartigen Ort, wiederzusehen, war einfach unfassbar. Das ist der wahre Camino: voller Überraschungen, manchmal fast unglaubwürdig, aber immer faszinierend.

Wir verbrachten die letzten Stunden des Tages zusammen am Strand und beobachteten den wohl schönsten Sonnenuntergang, den ich je gesehen hatte. Die Farben des Himmels spiegelten sich im glitzernden Wasser, und die Welt schien für einen Moment vollkommen. Barfuß verwurzelten sich die Füße mit feuchter sandiger Erde, der weite Himmel erstrecke sich, berührte und streifte die Seelen mit Wärme, und unverhofftes Wiedersehen der Begegnungen, füllten die Herzen mit Liebe. Ein besseres Ende hätte ich mir nicht vorstellen können – es war fast schon unwirklich.

Schweren Herzens verabschiedete ich mich schließlich von den beiden und verließ diesen Ort nur ungern, zu gerne hätte ich die Nacht mit ihnen am Strand, im Zelt verbracht. Darauf war ich aber leider nicht vorbereitet, doch die Erinnerung an diesen ergreifenden Moment werde ich für immer in meinem Herzen tragen.

Am Morgen danach, dem 20. September 2022, machte ich mich schon sehr früh auf den Weg zur Bushaltestelle, um zurück nach Santiago zu fahren. Doch zuvor gönnte ich mir noch ein Frühstück in einem kleinen Café. Dort wurde meine Vermutung endgültig bestätigt: Fisterra war voller Hippies. Schon am Vortag hatte ich so eine Vorahnung, als mir hin und wieder der markante Geruch von verbranntem Gras in die Nase stieg und sich die Menschen am Strand in Adam und Eva Kostüm zeigten. Nun saßen sie hier – barfuß, in bunten Kleidern und mit einer Leichtigkeit, die mich fast neidisch machte. Soll dem so sein, dachte ich mir schmunzelnd, während ich meinen Kaffee schlürfte.

Zurück in Santiago nutzte ich die Zeit, um noch ein paar Mitbringsel zu besorgen. Immerhin fühlte ich mich verpflichtet für meine Liebsten etwas von dieser besonderen Reise mitzubringen. Außerdem entschied ich mich, einen Barber aufzusuchen, der mich wieder etwas „zurechtstutzte". Nach Wochen unterwegs ohne jegliche Pflege war das auch dringend nötig. Einmal kultivieren, bitte!

Für meine letzte Nacht in Spanien hatte ich eine Herberge in der Nähe des Flughafens gebucht. Sie war schlicht, aber praktisch, und ich hatte den Vorteil, früh am Morgen schnell zum Abflug zu gelangen. Doch wie so oft auf dem Camino, brachte auch dieser Ort noch eine Begegnung mit sich: Matthias und Claudia, zwei Deutsche, mit denen ich den Abend verbrachte.

Wir beschlossen, den Tag gemeinsam ausklingen zu lassen, kochten Spaghetti in der kleinen

Gemeinschaftsküche und unterhielten uns über unsere vergangenen Tage, die Eindrücke und Erfahrungen, die uns der Camino bescherte. Es war ein schöner, ruhiger Abschluss, bevor wir uns das letzte Mal in einem Mehrbettzimmer in die Betten legten. Die Nacht war ein Abschied, nicht nur von Spanien, sondern auch von dieser besonderen Zeit, die ich hier verbracht hatte. Mit einem wehmütigen Lächeln dachte ich an all die Menschen, Momente und Kilometer zurück – und an die Reise, die ich im Herzen mit nach Hause nehmen würde.

„Dankbarkeit fühlt man tief in sich, Anerkennung zeigt sich in den Taten anderer – und wahre Wertschätzung leuchtet in den Augen der Menschen, die uns begegnen."

André Ebner

Kapitel 12

Rückkehr, Reflexion und erste Einsichten

23.9.22

Zurück in der Heimat.

Mit gemischten Gefühlen ist es schön wieder zu Hause zu sein. Einerseits spüre ich eine gewisse Wehmut, andererseits freute ich mich darauf, meine Liebsten wiederzusehen und den Alltag wieder aufzunehmen – mit neuen und alten Stärken.

Früh am Morgen, fast verschlafen, ging es am 21. September 2022 los. Für gerade mal 1 Euro nahm ich den Bus zum Flughafen von Santiago. Dort angekommen, fand ich mich schnell zurecht. Nach einer kleinen Wartezeit und der Abklärung, ob mein Rucksack direkt nach Wien durchgeht, saß ich schließlich im Flieger. Der erste Abschnitt der Heimreise führte mich nach Madrid. Während des kurzen Flugs ließ ich die letzten Wochen nochmals Revue passieren – die Begegnungen, die Momente der Stille, die schmerzhaften Kilometer und die unerklärlichen, unvorstellbaren schönen Augenblicke, die ich erleben durfte. Es war schwer, alles zu begreifen, aber eines wusste ich: Der Camino wird für immer ein Teil von mir sein.

„Nur wo du zu Fuß warst, bist du auch wirklich gewesen.“

Johann Wolfgang von Goethe

In Madrid angekommen, erschlug mich zunächst die schiere Größe des Flughafens. Der Airport war gewaltig, ein riesiges Labyrinth aus Terminals, Gängen und Rollbändern. Doch da ich mehrere Stunden Aufenthalt hatte, blieb mir genügend Zeit, um mich zurechtzufinden und mir einen Überblick zu verschaffen. Es war eine lange Wartezeit. Der Gedanke, den Flughafen zu verlassen, war verlockend, doch zu Fuß war das unmöglich, und so verbrachte ich die Stunden vor meinem Weiterflug im Inneren des riesigen Komplexes.

Als es schließlich zur späteren Stunde endgültig in die Heimat ging, war ich erschöpft, müde und ein wenig ausgelaugt. Der Flug nach Wien war nicht minder anstrengend – die Müdigkeit ließ mich nicht in Ruhe. Doch an Schlaf war nicht zu denken: Entweder ertönte der Pilot über den Lautsprecher, was ohnehin niemand verstand oder ein Kleinkind hinter mir hatte seinen Spaß mit meinem Sitz und dem Klapptischchen. Ich war genervt und zählte die Minuten bis zur Landung.

Um Mitternacht herum setzte das Flugzeug endlich in Wien auf. Ich war heilfroh, als ich sah, dass auch mein treuer Rucksack diese Reise überstanden hatte. Doch meine Freude wurde getrübt, als ich feststellte, dass mein Zug erst am frühen

Morgen fuhr. So blieb mir nichts anderes übrig, als es mir auf den unbequemen Metallbänken des Flughafens so gemütlich wie möglich zu machen. Mit eingerosteten Knochen und Druckstellen von der Bank ging es am 22. September 2022 um 4:30 Uhr endlich weiter: zuerst mit dem Zug zur U-Bahn, von dort zum Westbahnhof und schließlich mit der Westbahn nach Wels.

In Wels verbrachte ich den Tag damit, alles noch einmal zu sortieren. Die Begegnungen, die Erlebnisse, die Herausforderungen und die unvergesslichen Momente des Caminos zogen erneut an mir vorbei. Doch es wurde mir auch klar, dass ich noch nicht mit allem im Reinen bin. Nicht zu allen meiner Fragen konnte ich eine Antwort finden, doch die Fragen aller Fragen lautet: „Muss ich das?" Es gibt Dinge, die ich erst aufarbeiten muss, Dinge, die Zeit brauchen, um sich zu sortieren. Dinge die ohnehin nicht zu ändern, aber zu akzeptieren sind. Der Alltag wird mich früher oder später wieder einholen – doch das ist in Ordnung. Die wichtigste Erkenntnis, die ich aus Spanien und in der Zeit danach mitnehmen konnte, lautet:

Loslassen, um frei zu sein!

Der Kopf hält oft an Dingen fest, die uns längst nicht mehr guttun. Gedanken, Sorgen, alte Geschichten, all das nimmt uns die Leichtigkeit.

Wenn der Kopf lernt loszulassen, beginnt die Seele wieder zu atmen. Es entsteht Raum für Frieden und das Herz findet endlich wieder Ruhe.

Manchmal braucht es genau diesen Schritt, um zurück zu sich selbst zu finden und das Leben neu zu spüren.

Wer weiß, was noch alles kommt im Leben. Aber vorerst bin ich einfach nur froh, wieder hier zu sein, in meiner HEIMAT, bei meine FAMILIE, sie, um mich zu haben, und die Wärme und Geborgenheit meiner LIEBSTEN in unseren vier Wänden zu spüren. Somit ein letztes Mal:

Buen Camino!

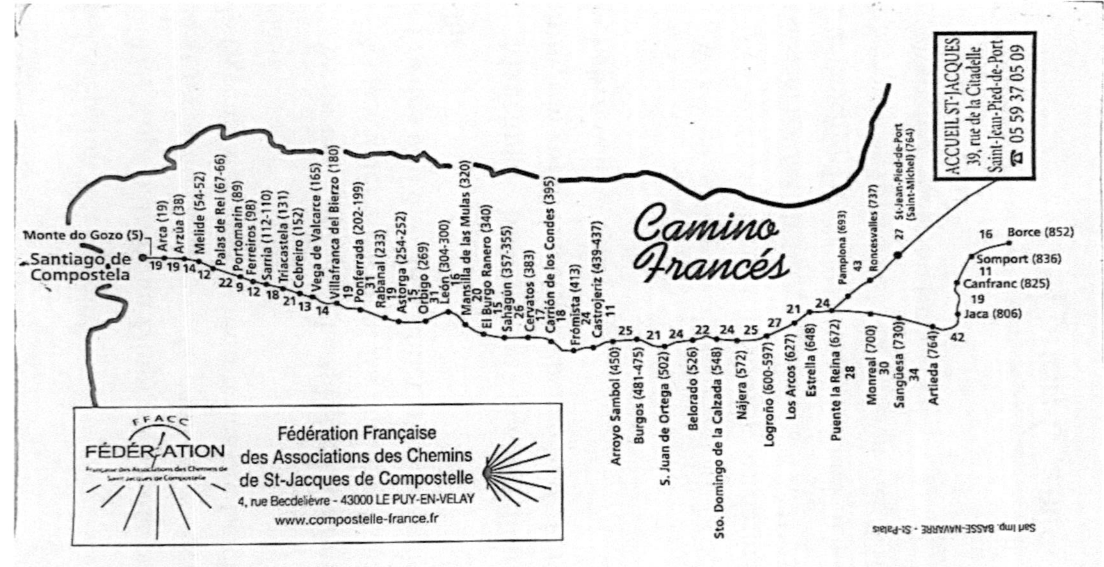
FFACC
FÉDÉRATION
Française des Associations des Chemins de
Saint Jacques de Compostelle
Fédération Française
des Associations des Chemins
de St-Jacques de Compostelle
4, rue Becdelièvre - 43000 LE PUY-EN-VELAY
www.compostelle-france.fr
Camino Francés
Monte do Gozo (5)
Santiago de Compostela
19
Arca (19)
19
Arzúa (38)
19
14
Melide (54-52)
12
Palas de Rei (67-66)
22
Portomarin (89)
9
Ferreiros (98)
12
Sarria (112-110)
18
Triacastela (131)
21
Cebreiro (152)
13
Vega de Valcarce (165)
14
Villafranca del Bierzo (180)
19
Ponferrada (202-199)
31
Rabanal (233)
19
Astorga (254-252)
15
Orbigo (269)
31
León (304-300)
16
Mansilla de las Mulas (320)
20
El Burgo Ranero (340)
15
Sahagún (357-355)
26
Cervatos (383)
17
Carrión de los Condes (395)
18
Frómista (413)
24
Castrojeriz (439-437)
11
Arroyo Sambol (450)
25
Burgos (481-475)
21
S. Juan de Ortega (502)
24
Belorado (526)
22
Sto. Domingo de la Calzada (548)
24
Nájera (572)
25
Logroño (600-597)
27
Los Arcos (627)
21
Estrella (648)
24
Puente la Reina (672)
28
Pamplona (693)
43
Monreal (700)
30
Roncesvalles (737)
Sangüesa (730)
34
27
St-Jean-Pied-de-Port
(Saint-Michel) (764)
Artieda (764)
42
Somport (836)
11
Canfranc (825)
19
Jaca (806)
16
Borce (852)
Sarl Imp. BASSE-NAVARRE - St-Palais
ACCUEIL ST-JACQUES
39, rue de la Citadelle
Saint-Jean-de-Pied-de-Port
☎ 05 59 37 05 09

Meine Etappen

Saint Jean Pied de Port (Start)		*0Km*
1. Roncesvalles		*25,20Km*
2. Zubiri		*21,34Km*
3. Pamplona		*20,25Km*
4. Puente la Reina		*23,65Km*
5. Estella		*21,99Km*
6. Los Arcos		*21,40Km*
7. Logroño		*27,70Km*
8. Navarrete		*12,24Km*
9. Azofra		*21,78Km*
10. Granón		*22,02Km*
11. Espinosa del Camino		*24,13Km*
12. Atapuerca		*21,75Km*
13. Burgos		*19,83Km*
14. Leon	*178Km*	*Busfahrt*
15. Ponferrada	*100Km*	*Busfahrt*
16. Villafranca del Bierzo		*24,67Km*
17. La Faba		*23,20Km*
18. Triacastela		*27,39Km*
19. Sarria		*24,23Km*
20. Portomarin		*22,04Km*
21. Palas de Rei		*24,67Km*
22. Arzúa		*28,13Km*
23. O Pedrouzo		*19,48Km*
24. Santiago de Compostela (Ziel)		*19,16Km*
25. Fisterra (Das Ende der Welt)		*Busfahrt*

Epilog

Der Camino geht weiter

„Der Camino endet nicht in Santiago de Compostela, nicht in Fisterra und nicht auf den Wegen zurück in die Heimat. Der Camino endet nie – er lebt in uns weiter.“

André Ebner

Es ist ein merkwürdiges, aber auch gutes Gefühl, wieder zu Hause zu sein. Einerseits fühlt es sich wie das Ende eines langen, intensiven Kapitels an, andererseits weiß ich, dass der Weg nicht wirklich ein Ende hat. Was ich auf dem Camino gelernt habe, begleitet mich weiter. Die Erlebnisse, die

Begegnungen, die vielen Gedanken und Erkenntnisse – sie sind nicht einfach verschwunden. Der Weg lebt in mir weiter.

In den Wochen, Tagen und Stunden meiner Reise gab es so viele Eindrücke und Erfahrungen, die mich geprägt haben. Die Natur hat mir ihre unbändige Kraft gezeigt – ihre wahre Energie, die in jedem Windhauch, in jeder Welle und in jedem Leuchten ihrer Farben steckt. Ich habe erkannt, dass wir viel mehr von der Natur haben, als wir in unserem hektischen Leben wahrnehmen. Sie schenkt uns alles, was wir brauchen, und wir sollten viel öfter innehalten und uns von ihr inspirieren lassen.

Doch die Reise hat mir auch die Abhängigkeit des Menschen von materiellen Dingen und der Gesellschaft vor Augen geführt. Der moderne Mensch ist gefangen in einem System, das ihn zum Streben nach mehr antreibt – nach mehr Besitz, mehr Bestätigung, mehr „Happiness" durch Konsum. Auf dem Camino habe ich gelernt, dass Glück und Zufriedenheit nicht von Besitz abhängen, sondern von Freiheit – der Freiheit von Abhängigkeiten, von Erwartungen und der Jagd nach etwas, das wir nicht wirklich brauchen. Kein Geld, kein Reichtum, kein neuer Kauf und auch kein like auf den Sozialen Medien wird uns dauerhaft glücklich machen. Es sind die einfachen Dinge des Lebens – eine warme Dusche, ein Bett unter einem Dach, die Menschen, die uns umgeben, uns Liebe schenken und uns jederzeit etwas Gutes tun. Wenn wir uns von den Ketten des Konsums befreien, erkennen wir, dass wir viel weniger brauchen, um zufrieden zu sein.

Der Camino hat mich gelehrt, dass es nicht darum geht, wie weit wir gehen, wie viel wir haben oder wie sehr wir uns anstrengen. Es geht darum, sich auf den Weg zu machen, den Moment zu erleben und die Menschen zu treffen, die uns begleiten. Es geht um die Begegnungen, die Gespräche und die Stille. Es geht um den Weg selbst – und darum, dass wir ihm mit offenen Augen und Herzen begegnen. So wie der Camino für mich kein Ende hat, so weiß ich, dass auch die Schritte, die ich jetzt fortsetze, nicht zu einem festen Ziel führen.

Vielleicht kehre ich eines Tages zurück, vielleicht finde ich ein neues Abenteuer. Aber ich weiß, dass der Camino in mir weiterlebt – als Erinnerung, als Lehre und als stetiger Begleiter. Egal, wo du bist oder wo du gerade hinmöchtest, mach dir nicht zu viele Gedanken darüber. Geh einfach los, leb im

Moment, und vertraue darauf, dass der Weg dich zu dem führt, was du brauchst.

Leb ein bisschen. Denn der wahre Reichtum liegt nicht in den Dingen, sondern in den Momenten, den Erfahrungen und den Begegnungen, die wir auf unserem Weg machen.

BUEN CAMINO – für immer.

„Wenn der Mensch glücklich ist, spiegelt sich seine innere Harmonie in allem, was ihn umgibt.“

André Ebner

Meine Wegbegleiter, Menschen, die meinen Camino geprägt haben!

„Der Camino ist nicht nur ein Weg, den man allein geht. Er ist auch ein Weg voller Begegnungen – mit anderen und mit sich selbst. Die Menschen, die mir auf meiner Reise begegnet sind, haben nicht nur die Kilometer, sondern auch mein Herz geprägt. Jede Begegnung, ob kurz oder lang, hat ihre Spuren hinterlassen.“

Henry

Die weise und inspirierende Begegnung

Aussehen und erste Begegnung

Henry, ein erfahrener älterer Herr, 70 Jahre alt, doch seine Ausstrahlung war jugendlich und lebendig. Sein kurzer grauer Bart und die faltige, aber freundliche Mimik spiegelten seine Erfahrung wider. Gekleidet in sportlicher Wanderkleidung und Kopftuch, schien er perfekt für den Camino ausgestattet. Sein ruhiges Auftreten und die Gelassenheit in seinen Bewegungen strahlten eine beruhigende Energie aus, die sofort Vertrauen weckte.

Unsere erste Begegnung war fast schicksalhaft. Ich traf Henry in einer Herberge, ohne zu ahnen, welche Bedeutung er auf meinem Weg noch haben würde. Seine Offenheit und sein Interesse an anderen Menschen machten ihn schnell zu einem vertrauten Begleiter.

Persönlichkeit und Einfluss

Henry war ein Mann voller Geschichten. Er hatte eine spirituelle Seite, die sich besonders in seinen Erzählungen offenbarte. Eine seiner bemerkenswertesten Geschichten handelte von der tiefen Verbindung zu seinem Vater, die er selbst nach dessen Tod noch spürte. Diese Geschichte ging mir besonders nahe: Als sein Sohn schwer erkrankte, hatte Henry das Gefühl, die Unterstützung seines Vaters zu spüren. Diese spirituelle Erfahrung schien ihm nicht nur Trost zu geben, sondern ihn auch auf seinem Camino zu begleiten.

Henry hatte die Gabe, Menschen mit seinen Worten zu berühren. Er sprach von Liebe, Vergebung und innerer Stärke, als wären es einfache, alltägliche Dinge. Doch in seiner Einfachheit lag eine Weisheit, die mich tief beeindruckte. Seine inspirierenden und spirituellen Worte über das Leben hallen bis heute in mir nach.

Unsere Verbindung

Henry wurde zu einem wichtigen Wegbegleiter, der nicht nur mit seiner Lebenserfahrung, sondern auch mit seiner positiven Ausstrahlung inspirierte. Seine Geschichten halfen mir, über meine eigenen Ängste und Zweifel nachzudenken. Es war, als hätte der Camino ihn geschickt, um mir bestimmte Lektionen zu vermitteln – über Geduld, über den Glauben an sich selbst und über die Kraft des Geistes. Er gab mir das Gefühl, selbst besonderes zu sein.

Einer der tiefsten Momente mit Henry war das spirituelle Gespräch, das wir führten. Wir sprachen über unsere Beweggründe für den Camino, aber auch über Verluste und Herausforderungen im Leben. Henrys Offenheit und die Art, wie er über seine Erlebnisse sprach, hatten eine heilende Wirkung auf mich.

Entwicklung und Abschied

Obwohl Henry und ich zeitweise getrennte Wege gingen, blieb er für mich eine prägende Figur auf meiner Reise. Unser Wiedersehen in einem kleinen Dorf nach einigen Etappen fühlte sich fast wie ein Wunder an, ein Zeichen des Camino-Spirits.

Henry hat mich gelehrt, dass es nicht nur darum geht, den Weg zu gehen, sondern ihn zu erleben – mit allen Höhen und Tiefen. Sein Abschied war leise, fast unbemerkt. Doch seine Worte und seine Präsenz bleiben ein Teil meiner Pilgerreise, ein Teil von mir.

Sonia

Die Vertraute

Aussehen und erste Begegnung

Sonia, mit italienischen Wurzeln und Hamburger Charme, war eine Frau voller Energie und Wärme. Ihre kurzgeschorenen dunklen Haare und ihre lebhaften Augen spiegelten sowohl Stärke als auch eine verletzliche Seite wider. Sie hatte eine Präsenz, die einen sofort in ihren Bann zog – eine Mischung aus Bodenständigkeit und etwas fast Magischem.

Unsere erste Begegnung fand in Espinosa del Camino statt. Es fühlte sich wie ein weiteres kleines Wunder des Camino-Spirits an. Vom ersten Moment an war klar, dass wir dieselbe Wellen reiten, und so liefen wir von da an einige Kilometer zusammen.

Persönlichkeit und Einfluss

Sonia war humorvoll und voller Lebenslust, gleichzeitig aber auch, tiefgründig und reflektiert. Besonders beeindruckte mich ihre Fähigkeit, trotz eines schwierigen Lebenswegs eine positive Ausstrahlung zu bewahren. Sie erzählte mir von ihrer Kindheit und Jugend, die alles andere als einfach war, und von den Hürden, die sie überwinden musste, um ihren Platz im Leben zu finden. Diese Geschichten ließen mich nicht nur über sie, sondern auch über meine eigenen Herausforderungen nachdenken. Unsere Gespräche reichten von Alltäglichem bis hin zu sehr persönlichen Themen, und jedes davon ließ mich mehr über mich selbst nachdenken.

Es war bewundernswert, wie Sonia all diese Erfahrungen genutzt hatte, um zu wachsen und ein erfülltes Leben zu führen. Ihre Offenheit und ihr Vertrauen machten jede Unterhaltung mit ihr besonders. Sie war ein Mensch, der dich dazu brachte, ehrlich mit dir selbst zu sein und über das Leben, die Familie und die wahren Werte nachzudenken.

Unsere Verbindung

Mit Sonia konnte ich mich vollkommen öffnen – und das tat sie auch. Wir sprachen über Träume, Hoffnungen und all die Dinge, die der Camino in uns beiden auslöste. Die Kilometer vergingen fast unbemerkt, während wir uns gegenseitig unsere Geschichten anvertrauten.

Besonders erinnere ich mich an unserer letzten Zeit in Burgos. Wir verbrachten den Nachmittag damit, durch die Straßen zu ziehen, am Abend gemeinsam zu essen und das Erlebte Revue passieren zu lassen. Es war ein Tag voller Lachen, tiefsinniger Gespräche und dem Bewusstsein, dass der Camino uns beide in einer Weise geprägt hatte, die wir damals noch nicht ganz greifen konnten.

Abschied und Verbleib

Am Morgen unserer Verabschiedung in der Herberge fiel es mir schwer, die richtigen Worte zu finden. Sonia und ich hatten so viele bedeutungsvolle Gespräche geführt, ich spürte eine starke Verbindung, dass es fast unmöglich schien, in einem kurzen Moment alles auszudrücken, was sie für mich bedeutete.

Als wir uns zum Abschied umarmten, sagte sie etwas, das ich nicht vollständig in Erinnerung behalten konnte – aber die Essenz war klar: Sie bedankte sich für unsere gemeinsame Zeit und wünschte mir von Herzen alles Gute. Ihre Augen waren voller Emotionen, und ich wusste, dass unsere Begegnung für uns beide eine tiefere Bedeutung hatte.

Sonia war für mich mehr als eine Weggefährtin. Sie war eine Freundin, eine Vertraute und jemand, der mir half, den Camino mit neuen Augen zu sehen. Ich bin überzeugt davon, dass wir uns wiedersehen!

Peter und Renate

Die Gegensätze, die sich ergänzten

Aussehen und erste Begegnung

Peter, der tanzfreudige und gutmütige Münchner,

war ein Mensch voller Energie. Sein offenes Gesicht, sein breites Lächeln und seine unerschöpfliche Quelle an Geschichten machten ihn zu einem wahren Entertainer. Renate, seine Frau, war das genaue Gegenteil: kritisch, zurückhaltend und oft ein wenig mürrisch. Ihre scharfen Bemerkungen fielen schnell auf, doch hinter ihrer Fassade steckte eine Frau, die ihre eigenen Kämpfe austrug.

Unsere Wege kreuzten sich an einem der ersten Abende in einer Herberge, als ich mich zum Abendessen mit den beiden an einen Tisch setzte. Schon nach wenigen Minuten spürte ich, dass diese beiden eine besondere Chemie hatten – eine Mischung aus Reibung und Zusammenhalt.

Persönlichkeit und Einfluss

Peter war der Typ Mensch, der selbst aus den anstrengendsten Tagen etwas Positives herausholte. Egal, ob wir über den Weg selbst oder über das Leben sprachen – er fand immer eine lustige Anekdote, die uns alle zum Lachen brachte. Renate hingegen ließ keinen Moment unkommentiert, sei es das Essen, die Mitpilger oder die Organisation der

Herberge. Doch hinter ihrer oft scharfen Zunge erkannte ich auch ihre Fürsorglichkeit, besonders, wenn es um Peter ging.

Unsere Verbindung

Mit Peter war jeder Moment leicht und unbeschwert, während Renate oft für interessante, wenn auch kritische Gespräche sorgte. Gemeinsam zeigten sie mir, dass Gegensätze sich nicht nur anziehen, sondern auch ergänzen können. Trotz ihrer Unterschiede funktionierten sie als Team, das sich gegenseitig stützte – auch wenn es manchmal auf ihre ganz eigene, humorvolle Weise geschah.

Der Abschied in Burgos

Peter und Renate waren die ersten Weggefährten, die mir auf meinem Pilgerweg begegneten – und vielleicht gerade deshalb war es umso schöner, sich in Burgos von ihnen verabschieden zu können. Beim Frühstück in der Herberge sah ich sie unerwartet wieder, und es fühlte sich an, als schließe sich ein Kreis.

Peter, voller Energie, verabschiedete sich mit einem herzlichen „Buen Camino, mein Freund. Und vergiss nicht: Tanzen macht das Leben leichter."

Renate nickte und fügte hinzu: „Pass auf dich auf.“ Es war ein Moment, der mir zeigte, wie wertvoll diese ersten Begegnungen waren.

Sie hatten mir nicht nur ihre Gesellschaft, sondern auch eine wichtige Lektion mit auf den Weg gegeben: Es ist nicht immer die gleiche Art zu sein, die uns verbindet, sondern die Bereitschaft, sich gegenseitig zu stützen.

Fenja und Wolfgang

Die Vater-Tochter-Reise

Aussehen und erste Begegnung

Fenja war eine junge, lebhafte Pilgerin, die sofort durch ihre freundliche, offene Art auffiel. Mit ihrem frischen Lächeln und der lebendigen Ausstrahlung war sie eine, die den Camino mit einer Mischung aus Neugier und Entschlossenheit ging. Ihr Vater, Wolfgang, war das genaue Gegenteil: ein eher ruhiger Mann mit einer gewissen Gelassenheit, die von vielen Jahren Erfahrung zeugte. Ich begegnete ihnen vor einem Lokal, als wir zufällig die gleiche Ortschaft erreichten, und von da an begannen sich unsere Wege regelmäßig zu kreuzen.

Persönlichkeit und Einfluss

Fenja war eine wahre Powerfrau auf dem Camino. Sie ging mit einer erstaunlichen Energie und einem Willen voran, der sie schnell von anderen Pilgern abhob. Ihre jugendliche Frische und ihre Bereitschaft, alles auf dem Weg zu erleben, machten sie zu einer inspirierenden Begleiterin. Obwohl sie jünger war als ich, beeindruckte sie mich durch ihre Reife und den klaren Fokus auf ihre Reise. Sie hatte eine besondere Art, sowohl das Leben als auch den Camino zu genießen und schaffte es, selbst in den schwierigsten Momenten ein Lächeln zu behalten.

Wolfgang hingegen war die ruhige, stabile Kraft. Er hatte eine pragmatische Art, die sich in seiner Gelassenheit widerspiegelte. Er stellte keine großen Anforderungen und war mit jedem Schritt zufrieden. Doch hinter seiner ruhigen Fassade steckte ein Mann, der das Leben in all seiner Tiefe verstand und, wenn nötig, weise Ratschläge gab. Die Dynamik zwischen Fenja und Wolfgang war besonders faszinierend: Sie ergänzten sich perfekt. Fenja brachte die Energie und die Entschlossenheit, Wolfgang die Ruhe und das Fundament.

Unsere Verbindung

Obwohl unsere Gespräche meist eher beiläufig waren, spürte ich schnell, wie stark die Bindung zwischen Fenja und Wolfgang war. Ihre Vater-Tochter-Beziehung war eine, die sich in den kleinen Momenten des Caminos zeigte – beim Teilen von Pausen, beim gegenseitigen Unterstützen in schwierigen Abschnitten oder beim gemeinsamen Lachen über die Herausforderungen des Weges.

Für Fenja war der Camino jedoch auch eine Reise der Entdeckung, besonders was ihre Beziehung zu Wolfgang betraf. Sie hatte ihren Vater erst sehr spät kennengelernt, und der Camino war ihre Gelegenheit, diese Verbindung zu vertiefen. Doch der Weg war nicht nur eine Pilgerreise, sondern auch eine Reise in die Tiefe ihrer Beziehung. Der zunehmende Druck und die Herausforderungen, die der Camino mit sich brachte, stellten die beiden vor eine unerwartete Schwierigkeit. Die ständige Nähe und die Herausforderungen auf dem Weg, kombiniert mit den noch ungeklärten Aspekten ihrer Beziehung, führten dazu, dass Fenja den Camino abbrach.

Sie fühlte sich von der neuen Nähe zu ihrem Vater und den intensiven Gesprächen und Begegnungen überfordert. Es war eine schwierige Entscheidung, aber Fenja entschloss sich, den Weg zu beenden und in ihrem eigenen Tempo und auf ihre eigene Weise mit der neu entdeckten Beziehung zu ihrem Vater umzugehen. Wolfgang, der in seiner ruhigen Art nie Druck ausübte, respektierte diese Entscheidung und unterstützte sie in ihrem Schritt.

Abschied und Einfluss

Obwohl Fenja und Wolfgang den Camino nicht bis zum Ende gingen, haben sie mir gezeigt, wie komplex menschliche Beziehungen sein können, vor allem, wenn sie neu sind. Ihre Reise war nicht nur körperlich, sondern vor allem emotional – eine Entdeckung von Nähe, Herausforderungen und der Suche nach einem neuen, gemeinsamen Verständnis. Auch wenn ihre Pilgerreise hier endete, trugen sie beide wertvolle Lektionen über Familie, Selbstfindung und die Wichtigkeit von Akzeptanz mit sich

Uli und Werner

Die Ruhe und das Fundament

Aussehen und erste Begegnung

Uli, der bodenständige und pragmatische Wanderer, hatte etwas Beruhigendes an sich. Mit seinem ruhigen Blick und der Art, wie er die Dinge einfach anging, strahlte er Gelassenheit aus. Werner, mit seiner nachdenklichen und manchmal fast philosophischen Art, war das perfekte Gegenstück. Ich lernte die beiden auf einem Abschnitt kennen, als wir zufällig die gleiche Herberge auswählten.

Persönlichkeit und Einfluss

Uli war der Typ Mensch, der mit wenigen Worten viel sagte. Seine Beobachtungen waren immer treffend, und er brachte mich sogar zum Nachdenken. Werner hingegen war ein Fels in der Brandung – ruhig, weise und mit einem tiefen Verständnis für die Herausforderungen des Weges. Zusammen schufen sie eine Atmosphäre, die einen vergessen ließ, wie schwer der Camino manchmal war.

Unsere Verbindung

Mit diesen beiden habe ich gelernt, wie wichtig es ist, den Moment zu genießen. Ob wir zusammen eine Pause einlegten oder einfach in Stille nebeneinander herliefen – ihre Gesellschaft war immer angenehm und unterstützend. Sie zeigten mir, dass der Camino nicht nur aus großen Momenten besteht, sondern auch aus den kleinen, stillen Augenblicken, die den Weg unvergesslich machen.

Der Abschied in Burgos

Unser Abschied war von einer bittersüßen Melancholie geprägt, denn in der Herberge in Burgos wusste ich, dass es das letzte Mal sein würde, dass ich mit Uli und Werner gemeinsam beim Frühstück sitze. Die Gespräche über unsere gemeinsame Zeit waren warm und voller Dankbarkeit. Uli und Werner sprachen nicht viel, aber ihre Worte hatten Gewicht: „Bleib so, wie du bist, und der Camino wird dir alles geben, was du suchst," sagte Werner mit einem ruhigen Lächeln. Uli nickte zustimmend, seine stille Art sprach genauso viel wie Werners Worte.

Es war ein Abschied, der ganz dem Charakter dieser beiden entsprach: leise, aber mit einer tiefen Bedeutung. Während ich meine Reise fortsetzte, blieben sie in meinen Gedanken – als Ruhepole und als Wegbegleiter, die mir gezeigt haben, wie wichtig es ist, nicht nur den eigenen Weg, sondern auch die Freundschaft zu schätzen.

Lisa und ihre Mutter

Die Weggefährten

Aussehen und erste Begegnung

Lisa war jung, voller Energie und trug die Entschlossenheit des Camino in ihren Augen. Ihre strahlendes Lächeln passten perfekt zu ihrer fröhlichen und offenen Art. Ihre Mutter Martina, ruhiger und gelassener, dennoch lebensfroh, hatte eine mütterliche Wärme, die mich an meine eigene

Familie erinnerte.

Unsere erste Begegnung war eher beiläufig. Ich traf Lisa auf einem der späteren Abschnitte des Weges, und ihre sympathische Ausstrahlung machte es leicht, ins Gespräch zu kommen. Es dauerte nicht lange, bis wir einen gemeinsamen Rhythmus fanden und den Tag zusammenliefen.

Persönlichkeit und Einfluss

Lisa war zielstrebig und fröhlich, mit einer Leichtigkeit, die den schweren Weg manchmal ein wenig einfacher machte. Ihre Mutter hingegen brachte eine Gelassenheit mit, die beruhigend und motivierend zugleich war. Es war faszinierend zu sehen, wie sie sich gegenseitig ergänzten und unterstützten. Besonders Lisas Begeisterung für den Fußball – sie war Torhüterin – zeigte ihren Ehrgeiz und ihre Leidenschaft. Martina hingegen beeindruckte mich durch ihre Stärke und ihre unaufdringliche Fürsorge.

Unsere Verbindung

Gemeinsam haben wir einige Kilometer

zurückgelegt, und ihre Gesellschaft hat mich oft über meine eigenen Beziehungen nachdenken lassen. Am Abend, nach einem langen Tag, gingen wir gemeinsam essen – es waren einfache Mahlzeiten, aber sie hatten einen besonderen Geschmack, weil wir sie teilten. Einmal aßen wir Pizza, die rechteckig statt rund war, und lachten darüber, wie seltsam das doch war. Solche kleinen Momente schufen Erinnerungen, die mich heute noch zum Schmunzeln bringen. Lisas unterhaltsame Begleitung auf den Weg und ihre Mutter als ruhende Kraft im Hintergrund zeigten mir, wie bedeutsam es ist, Unterstützung auf einer solch herausfordernden Reise zu haben.

Der emotionale Abschied

Am Ende unseres gemeinsamen Weges war der Abschied schwerer, als ich erwartet hatte. Lisa und Martina hatten sich in dieser kurzen Zeit zu vertrauten Begleitern entwickelt, und der Gedanke, sie nicht mehr an meiner Seite zu haben, machte mich traurig. Doch gleichzeitig war ich dankbar für alles, was ich durch sie gelernt hatte: dass der Camino nicht nur eine Reise für einen selbst ist, sondern auch eine, die durch die Menschen, die einem begegnen, so besonders wird.

Susanne

Die kommunikative Weggefährtin

Aussehen und erste Begegnung

Susanne war eine der letzten Pilgerinnen, mit denen ich den Camino ging, und sie fiel durch ihre offene, lebendige Art sofort auf. Mit ihrem herzlichen Lächeln und ihrer direkten, unaufdringlichen Art war sie eine, die schnell ins Gespräch kam. Wir trafen uns gegen Ende meines Caminos, als ich bereits viele andere Pilger kennengelernt hatte, aber Susanne war anders – sie war immer bereit, ein Gespräch zu beginnen, selbst wenn es nur um den einfachen Austausch von Gedanken und Erlebnissen ging.

Persönlichkeit und Einfluss

Susanne war eine Frau, die gerne redete und viel von sich teilte. Sie hatte keine Angst, ihre Gedanken und Gefühle zu äußern und zog so viele andere

in ihren Bann. Ihre Gespräche waren nie oberfläch-
lich – sie ging gerne in die Tiefe und war stets bereit, persönliche Erlebnisse und Perspektiven zu
teilen. Ihre Geschichten über das Leben, ihre Herausforderungen und die Gründe, warum sie den
Camino ging, waren oft sehr lebendig und humorvoll, aber auch tiefgründig. Sie schaffte es, mich
zum Nachdenken zu bringen und in den Momenten, in denen ich mich einsam fühlte, war ihre Gesellschaft eine willkommene Ablenkung und eine
Quelle der Inspiration.

Was mich besonders an Susanne beeindruckte, war
ihre Fähigkeit, ihre Emotionen so offen zu zeigen.
Sie war nicht darauf aus, sich zu verstecken oder
etwas vor anderen zu verbergen – sie lebte den
Camino in vollen Zügen, sprach von ihren Ängsten, ihren Hoffnungen und ihren Veränderungen
während der Reise. Ihre Offenheit war nicht nur
ein Gesprächseinstieg, sondern eine Einladung,
auch über eigene Themen nachzudenken und die
eigene Reise zu reflektieren.

Unsere Verbindung

Während der letzten Etappen meines Caminos

verbrachten Susanne und ich viel Zeit miteinander. Unsere Gespräche reichten von alltäglichen Beobachtungen über den Weg bis hin zu tiefgründigen Diskussionen über das Leben und unsere inneren Entwicklungen. Ich hatte das Gefühl, dass sie ein großes Bedürfnis hatte, sich auszudrücken und ihre Gedanken zu teilen, was mir half, meine eigenen Gedanken zu ordnen. Sie zeigte mir, wie wichtig es ist, die eigenen Gefühle nicht zu verdrängen, sondern sie zuzulassen und in Gesprächen zu verarbeiten.

Am Ende des Caminos, als ich in Santiago ankam, hatte Susanne für mich eine besondere Bedeutung: Sie war nicht nur eine Weggefährtin, sondern auch jemand, der mir half, meine Reise auf einer tieferen Ebene zu verstehen. Ihre Gespräche, ihre Lebensgeschichten und ihr Humor haben den letzten Abschnitt des Caminos für mich besonders gemacht.

Melvin und Leonie

Die Neuen, die das Ende bereicherten

Aussehen und erste Begegnung

Melvin und Leonie, ein junges Paar, traf ich nur in wenigen, aber sehr bedeutungsvollen Momenten während meines Caminos. Melvin war aufgeschlossen, mit einem Lächeln, das fast immer auf seinem Gesicht zu finden war. Leonie hingegen war ruhiger, nachdenklicher aber auch aufgeschlossen – ihre Anwesenheit strahlte eine angenehme Ruhe aus. Unsere Begegnung war an einem Punkt des Weges, als sie mir zufällig über den Weg liefen – eine dieser zufälligen, aber bedeutenden Begegnungen, die den Camino so besonders machen.

Persönlichkeit und Einfluss

Obwohl wir nur eine kurze Zeit miteinander verbrachten, war ihre Begegnung für mich von großer Bedeutung. Melvin, immer ein Gesprächsthema suchend, brach das Eis mit seiner Lebensfreude, die ansteckend war. Leonie war in ihrem Wesen nachdenklicher und reflektierter, was die Gespräche mit ihr besonders bereichernd machte. Sie hatte eine Art, den Camino zu leben, die die Balance zwischen Freude und Besinnung wahrt, zwischen der Leichtigkeit des Augenblicks und der Tiefe der eigenen Gedanken. Beide zusammen gaben mir einen weiteren Blickwinkel auf den Camino – und zeigten mir, wie auch die kürzeren Begegnungen tiefgründig sein können.

Unsere Verbindung

Besonders bewegend war unser Treffen am letzten Tag des Caminos. Es war ein zufälliges Zusammentreffen, als sich unsere Wege wieder kreuzten, und es fühlte sich wie ein kleines Geschenk an, sie zu diesem Zeitpunkt wiederzusehen. Wir verbrachten den letzten Abend zusammen und teilten uns einen der eindrucksvollsten Momente: den Sonnenuntergang, der uns das Ende der Reise markierte.

Dieser Moment, der den Abschluss meiner Pilgerreise darstellte, wurde durch ihre Anwesenheit noch bedeutungsvoller. Der Sonnenuntergang symbolisierte für mich nicht nur das Ende des

Caminos, sondern auch das Ende eines tiefgreifenden Prozesses der inneren Reise. Gemeinsam, an diesem Punkt des Weges, war es, als würde sich der Kreis schließen – ich konnte den Abschluss des Caminos nicht mit schöneren Menschen teilen.

Abschied und Einfluss

Melvin und Leonie begleiteten mich am letzten Tag meines Caminos, aber ihre Bedeutung ging weit über diesen Tag hinaus. Sie erinnerten mich daran, dass es nicht immer die längsten oder intensivsten Begegnungen sind, die den größten Einfluss haben – manchmal sind es die zufälligen Momente, die uns prägen und die Reise zu etwas ganz Besonderem machen. Der Sonnenuntergang, den wir gemeinsam erlebten, bleibt mir als Symbol für das Ende meiner Reise, aber auch als Erinnerung daran, wie wichtig es ist, die kleinen, unerwarteten Begegnungen zu schätzen.

„Die Menschen, die mir auf meinem Camino begegnet sind, waren mehr als nur Mitpilger. Sie waren Lehrer, Freunde, Weggefährten. Sie haben mir gezeigt, wie wichtig es ist, offen für andere zu sein, und haben mich gelehrt, dass wir alle auf unserem eigenen Camino sind – nicht nur auf dem Jakobsweg, sondern auch im Leben."

Danksagung

An erster Stelle möchte ich mich bei meiner Frau bedanken. Sie hat nicht nur meine Reise akzeptiert, sondern mich in allem unterstützt, was ich brauchte. Sie hat meine Abwesenheit mit Geduld getragen und mir den Raum gegeben, diesen Weg zu gehen. Ohne ihre Unterstützung hätte diese Reise nicht stattfinden können – danke, dass du immer an meiner Seite bist.

Auch meinen Kindern gilt mein tiefster Dank. Ich bin stolz, dass sie diese Zeit ohne mich so wunderbar gemeistert haben. Ich hoffe, dass sie eines Tages den Mut finden, ihren eigenen Camino zu gehen – und vielleicht sogar, dass wir diesen Weg gemeinsam wieder erleben können.

Mein Dank geht ebenso an meine Verwandten, Freunde und Bekannten, die mich während der gesamten Reise begleitet haben, sei es durch aufmunternde Worte, Unterstützung oder einfach durch ihr Wohlwollen. Ihr habt mir geholfen, den Camino auch in den Momenten der Müdigkeit und des Zweifels weiterzugehen.

Nicht zuletzt möchte ich mich auch bei meinem Chef und meinen Kollegen und Kolleginnen bedanken, die es mir ermöglicht haben, diese Reise zu unternehmen, und mich während meiner Abwesenheit unterstützt haben. Eure Flexibilität und euer Verständnis haben mir den nötigen Freiraum gegeben, mich auf diese Reise einzulassen.

An alle, die mich auf diesem Weg unterstützt und begleitet haben.

Danke!